Einfache Schwedisch Kurzgeschichten

Kurzgeschichten auf Schwedisch für Anfänger

Mikael Karlsson

Inhalt

Einführung

Das Lesen in einer Fremdsprache ist eine der effektivsten Möglichkeiten, um die Sprachkenntnisse zu verbessern und den Wortschatz zu erweitern. Allerdings kann es manchmal schwierig sein, ansprechendes Lesematerial auf einem angemessenen Niveau zu finden, das Erfolgserlebnisse und ein Gefühl des Fortschritts vermittelt. Die meisten Bücher und Artikel, die für Muttersprachler geschrieben wurden, sind zu lang und schwer zu verstehen oder haben einen sehr hohen Wortschatz, so dass Sie sich überfordert fühlen und aufgeben. Wenn Ihnen diese Probleme bekannt vorkommen, dann ist dieses Buch genau das Richtige für Sie!

Einfache Schwedisch Kurzgeschichten ist eine Sammlung von 25 unkonventionellen und unterhaltsamen Kurzgeschichten, die Anfängern und Mittelstufenschülern helfen sollen, ihre Sprachkenntnisse zu verbessern Schwedisch.
Diese Kurzgeschichten schaffen eine förderliche Leseumgebung;

- Reichhaltiger sprachlicher Inhalt in verschiedenen Genres, um Sie zu unterhalten und Ihnen eine Vielzahl von Wortformen zu vermitteln.
- Kürzere Geschichten in Kapiteln, damit Sie die Freude haben, die Geschichten zu beenden und schnell voranzukommen.
- Texte, die auf Ihrem Niveau geschrieben sind, so dass sie leichter zu verstehen sind und Sie nicht überwältigen.
- Die deutsche Übersetzung befindet sich auf abwechselnden Seiten, so dass Sie beim Lesen

der Schwedisch Geschichte direkt Zeile für Zeile nachschlagen können.

- Die wichtigsten Vokabeln sind in der Geschichte und in der Übersetzung fett gedruckt, damit Sie unbekannte Wörter besser verstehen.
- Verständnisfragen, um zu prüfen, ob Sie die wichtigsten Ereignisse verstanden haben, und um Sie anzuregen, genauer zu lesen.

Egal, ob Sie Ihren Wortschatz erweitern, Ihr Verständnis verbessern oder einfach nur zum Spaß lesen wollen, dieses Buch ist der größte Schritt nach vorn, den Sie in diesem Jahr in Ihrem Studium machen werden. Dieses Buch gibt dir alle Unterstützung, die du brauchst. Also lehnen Sie sich zurück, entspannen Sie sich und lassen Sie Ihrer Fantasie freien Lauf, während Sie in eine magische Welt voller Abenteuer, Geheimnisse und Intrigen entführt werden - auf Schwedisch!

Wie man dieses Buch benutzt

Lesen ist ein schwer zu beherrschendes Talent. Wir nutzen eine Reihe von Mikrofähigkeiten, um in unserer Muttersprache zu lesen. Zum Beispiel können wir einen Text überfliegen, um ein grobes Verständnis für den Inhalt zu bekommen. Oder wir durchforsten zahlreiche Seiten eines Zugfahrplans auf der Suche nach einer bestimmten Zeit oder einem bestimmten Ort. Während diese Mikrofertigkeiten beim Lesen in unserer Muttersprache zur zweiten Natur geworden sind, zeigen Untersuchungen, dass wir die meisten davon beim Lesen in einer Fremdsprache vergessen. Wenn wir eine Fremdsprache lernen, beginnen wir normalerweise am Anfang eines Textes und arbeiten uns durch ihn hindurch, wobei wir versuchen, jedes einzelne Wort zu verstehen. Dabei stoßen wir unweigerlich auf unbekannte oder komplexe Begriffe und ärgern uns, dass wir sie nicht verstehen können.

Einer der größten Vorteile des Lesens in einer Fremdsprache besteht darin, dass man eine große Anzahl von Redewendungen und Ausdrücken kennenlernt, die in Alltagssituationen verwendet werden. Extensives Lesen ist ein Begriff, der das Lesen zum Vergnügen beschreibt, um eine Sprache zu lernen. Es ist nicht mit dem Lesen eines Lehrbuchs zu vergleichen, bei dem Gespräche oder Texte langsam und aufmerksam gelesen werden sollen, um jedes Wort zu verstehen. "Intensives Lesen" bezieht sich auf das Lesen, um bestimmte Lernziele zu erreichen oder Aufgaben zu erfüllen.

Einfache Schwedisch Kurzgeschichten bietet Ihnen die

Möglichkeit, mehr über den natürlichen Schwedisch Sprachgebrauch zu erfahren, auch wenn Sie Ihre Reise zum Sprachenlernen vielleicht nur mit Lehrbüchern begonnen haben. Im Folgenden finden Sie einige Hinweise, die Sie beim Lesen der Geschichten in diesem Buch beachten sollten, um das Beste aus ihnen herauszuholen: Wenn es um das Lesen geht, sind Spaß und Erfolgserlebnisse entscheidend. Man kommt immer wieder zurück, weil man Spaß an dem hat, was man liest. Jede Geschichte von Anfang bis Ende zu lesen, ist die beste Methode, um das Lesen von Geschichten zu genießen und das Gefühl zu haben, etwas erreicht zu haben. Das Wichtigste ist also, zum Ende einer Geschichte zu gelangen. Das ist sogar noch wichtiger, als jedes einzelne Wort zu kennen.

Je mehr Sie lesen, desto mehr Wissen werden Sie erwerben. Wenn du größere Bücher zum Vergnügen liest, wirst du schnell wissen, wie Schwedisch funktioniert. Denken Sie jedoch daran, dass Sie zuerst ein ausreichend großes Buch lesen müssen, um den vollen Nutzen aus einer umfangreichen Lektüre zu ziehen. Wenn Sie hier und da ein paar Seiten lesen, lernen Sie vielleicht ein paar neue Wörter, aber das wird keinen wesentlichen Unterschied in Ihrem Gesamtniveau von Schwedisch machen.

Akzeptieren Sie die Tatsache, dass Sie nicht alles verstehen werden, was Sie in einem Roman lesen. Dies ist zweifellos der wichtigste Punkt! Denken Sie immer daran, dass es völlig in Ordnung ist, nicht alle Wörter oder Sätze zu verstehen. Das bedeutet nicht, dass Ihre Sprachkenntnisse unzureichend sind oder dass Sie eine schlechte Leistung erbringen. Es zeigt, dass Sie aktiv am Lernprozess beteiligt sind.

Leitfaden zum Lesen

Es ist am besten, wenn Sie für jedes Kapitel der Geschichten diesen einfachen sechsstufigen Leseprozess befolgen:

1. Lesen Sie den Titel des Kapitels. Überlegen Sie, worum es in der Geschichte gehen könnte. Lesen Sie dann die Geschichte ganz durch. Ihr Ziel ist es einfach, das Ende der Geschichte zu erreichen. Halten Sie also nicht an, um Wörter nachzuschlagen, und machen Sie sich keine Sorgen, wenn Sie etwas nicht verstehen. Versuchen Sie einfach, der Handlung zu folgen.

2. Wenn Sie das Ende der Geschichte erreicht haben, lesen Sie die deutsche Übersetzung durch, um zu sehen, ob Sie verstanden haben, was passiert ist, und nehmen Sie jeden Kontext auf, den Sie vielleicht verpasst haben.

3. Gehen Sie zurück und lesen Sie die gleiche Geschichte noch einmal. Wenn Sie möchten, können Sie sich mehr auf die Details der Geschichte konzentrieren als zuvor, aber ansonsten lesen Sie sie einfach noch einmal durch.

4. Gehen Sie anschließend die Verständnisfragen in Schwedisch durch, um zu überprüfen, ob Sie die Schlüsselereignisse der Geschichte verstanden haben. Wenn Sie die Fragen nicht ganz verstehen, machen Sie sich keine Sorgen. Nutzen Sie Ihr Wissen, um so gut wie möglich zu antworten.

5. Zu diesem Zeitpunkt sollten Sie die wichtigsten Ereignisse des Kapitels einigermaßen verstanden haben. Falls nicht, sollten Sie das Kapitel einige Male anhand der Übersetzung lesen, um unbekannte Wörter und Sätze zu

überprüfen, bis Sie sich sicher fühlen.

Sobald Sie bereit sind und sicher sind, dass Sie verstanden haben, was passiert ist - egal, ob Sie die Geschichte einmal oder mehrmals gelesen haben - gehen Sie zur nächsten Geschichte über und lesen Sie die Geschichte in Ihrem eigenen Tempo weiter, so wie Sie es mit jedem anderen Buch tun würden.

Erst wenn Sie eine Geschichte vollständig gelesen haben, sollten Sie zurückgehen und die Sprache der Geschichte vertiefen, wenn Sie das möchten. Anstatt sich Sorgen zu machen, ob Sie alles verstanden haben, sollten Sie sich die Zeit nehmen, sich auf das zu konzentrieren, was Sie verstanden haben, und sich selbst zu dem beglückwünschen, was Sie geschafft haben.

Einfache Schwedische Kurzgeschichten

Mikael Karlsson

Skidåkning

Snön föll mjukt när jag tog mig ner för berget och snittade lätt genom pulvret. Solen tittade precis över **horisonten och** kastade ett rosa och orange sken över himlen. Det skulle bli en vacker dag. Jag nådde botten av berget och stannade vid kanten av skidliften och väntade på att mina vänner skulle komma ikapp mig. Vi hade åkt skidor hela morgonen och tog nu en paus innan vi tog oss an några av de **svårare** spåren. Medan jag väntade kunde jag inte låta bli att lägga märke till hur tyst det var. Det fanns inte ett enda ljud förutom det mjuka suset från skidor på snö. Det var nästan **surrealistiskt**.

Plötsligt hörde jag ett högt ljud bakom mig, följt av skrikande röster. Jag vände mig om precis i tid för att se en av mina vänner flyga igenom. Det nästa jag visste var att jag låg på marken. Mitt **huvud** snurrade och jag kunde inte se någonting. Det ringde i mina öron och allt jag kunde höra var röster. De lät **avlägsna** och dämpade, som om de kom under vattnet. Någon skakade mig försiktigt och ropade mitt namn. Långsamt började världen komma tillbaka till **fokus**. Jag såg oroliga ansikten som tittade ner på mig och kände starka armar som hjälpte mig att sätta mig upp. Jag måste ha slagit i huvudet ganska hårt för allting gjorde

Skifahren

Der Schnee fiel sanft, als ich den Berg hinunterfuhr und mit Leichtigkeit durch den Pulverschnee carvte. Die Sonne lugte gerade über den **Horizont** und warf ein rosa-oranges Licht auf den Himmel. Es sollte ein schöner Tag werden. Ich erreichte den Fuß des Hügels und blieb am Rand des Skilifts stehen, um auf meine Freunde zu warten. Wir waren den ganzen Vormittag auf Skiern gestanden und machten jetzt eine Pause, bevor wir uns auf die **schwierigeren** Pisten wagten. Während ich wartete, fiel mir auf, wie still es war. Es gab kein einziges Geräusch außer dem leisen Rauschen der Skier auf dem Schnee. Es war fast **unwirklich**.

Plötzlich hörte ich ein lautes Krachen hinter mir, gefolgt von schreienden Stimmen. Ich drehte mich gerade noch rechtzeitig um, um einen meiner Freunde durchfliegen zu sehen. Das nächste, was ich wusste, war, dass ich auf dem Boden lag. In meinem **Kopf** drehte sich alles und ich konnte nichts mehr sehen. In meinen Ohren klingelte es, und ich hörte nur noch Stimmen. Sie klangen **weit entfernt** und gedämpft, als kämen sie aus dem Wasser. Jemand schüttelte mich sanft und rief meinen Namen. Langsam wurde die Welt wieder **klarer**. Ich sah besorgte Gesichter, die auf mich

ont. Men tack och lov, efter några minuters vila började smärtan försvinna och jag kunde tänka klart igen. Tack och lov verkade alla andra också vara okej, även om vi alla var ganska **skakade av vad som** hade hänt.

Vi bestämde oss för att sluta för dagen efter den skräcken, men inte utan att lova varandra att vi skulle komma tillbaka **i morgon**. Det här **berget var** trots allt inte på väg någonstans. Så vi höll vårt löfte och återvände nästa dag. Och dagen efter det blev skidåkning snabbt vårt favoritsysselsättning, något som vi såg fram emot varje helg. Med åren växte vi alla upp och flyttade bort från varandra. Men oavsett hur långt ifrån varandra vi var, var det varje gång vi träffades som om de sorglösa dagarna på berget aldrig hade tagit slut. Och nu, även om vi alla är vuxna och har våra egna liv, tar vi oss fortfarande tid att åka i backen tillsammans. För för oss är skidåkning inte bara en **hobby**. Det är en livsstil.

herabblickten, und spürte starke Arme, die mir halfen, mich aufzusetzen. Ich muss mir den Kopf ziemlich heftig angeschlagen haben, denn alles tat weh. Aber zum Glück ließ der Schmerz nach ein paar Minuten Ruhe nach, und ich konnte wieder klar denken. Zum Glück schien es auch allen anderen gut zu gehen, obwohl wir alle ziemlich **erschüttert** waren von dem, was passiert war.

Nach diesem Schreck beschlossen wir, für heute Schluss zu machen, aber wir versprachen uns gegenseitig, **morgen** wiederzukommen. Dieser **Berg** würde schließlich nicht verschwinden. Und so hielten wir unser Versprechen und kamen am nächsten Tag zurück. Und am Tag danach wurde Skifahren schnell zu unserer Lieblingsbeschäftigung, auf die wir uns jedes Wochenende freuten. Im Laufe der Jahre wurden wir alle erwachsen und zogen voneinander weg. Aber egal, wie weit wir voneinander entfernt waren, jedes Mal, wenn wir uns trafen, war es, als würden diese unbeschwerten Tage auf dem Berg nie enden. Und jetzt, obwohl wir alle erwachsen sind und unser eigenes Leben führen, nehmen wir uns immer noch Zeit, um gemeinsam auf die Piste zu gehen. Denn für uns ist Skifahren nicht nur ein **Hobby**. Es ist eine Lebenseinstellung.

Frågor om förståelse

1. Vad lägger huvudpersonen märke till om berget?

2. Vad gör huvudpersonen när de kommer ner till kullens botten?

3. Vad tänker huvudpersonen när de hör kraschen bakom sig?

4. När börjar huvudpersonen åter komma i fokus?

5. Vad ser huvudpersonen när han eller hon ser sig omkring?

6. Vad bestämmer sig vännerna för att göra efter händelsen?

7. Varför gillar huvudpersonen skidåkning?

8. Hur känner sig huvudpersonen när de åker skidor med sina vänner?

9. Vart åker vännerna när de åker skidor tillsammans?

10. Vad betyder skidåkning för huvudpersonen?

Fragen zum Verständnis

1. Was fällt dem Protagonisten an dem Berg auf?

2. Was tut der Protagonist, wenn er den Fuß des Hügels erreicht?

3. Was denkt der Protagonist, als er den Unfall hinter sich hört?

4. Wann rückt der Protagonist wieder in den Mittelpunkt?

5. Was sieht der Protagonist, wenn er sich umschaut?

6. Was beschließen die Freunde nach dem Vorfall zu tun?

7. Warum fährt der Protagonist gerne Ski?

8. Wie fühlt sich der Protagonist, wenn er mit seinen Freunden Ski fährt?

9. Wohin gehen die Freunde, wenn sie zusammen Ski fahren?

10. Was bedeutet das Skifahren für den Protagonisten?

Köttbullar

Köttbullarna brände i **pannan och** doften fick mig att vattnas i **munnen.** Jag kunde inte vänta på att få äta dem! Jag hade lagat mat hela morgonen och allt var klart. Bordet var dukat och salladen stod i kylskåpet. Allt som återstod var att servera maten. Jag lade tre köttbullar på varje tallrik, tillsammans med lite av **såsen** från pannan. Sedan lade jag till en skopa potatismos och några gröna bönor. Slutligen garnerade jag varje tallrik med en kvist persilja. Det såg ut som en festmåltid! Och det smakade ännu bättre än det såg ut. Köttbullarna var saftiga och smakrika och såsen var perfekt. Det dröjde inte länge innan vi alla var proppfulla av läckerheter. Det var nästa dag och jag tänkte redan på köttbullarna. Jag kunde helt enkelt inte få dem ur huvudet! Jag bestämde mig för att göra en omgång till **lunch** så att jag kunde äta dem igen.

Jag följde receptet exakt, och snart nog brände de i stekpannan. Doften fick mig att vattnas i munnen igen. Men den här gången hände något annat också... Min **mage** började knorra! Det lät som om den ville ha en av dessa köttbullar. Så det var vad jag gjorde. Jag tog en ur pannan och stoppade den i munnen. Och den smakade ännu bättre än i går! Den saftiga, smakrika köttbullen i kombination med den **perfekta** såsen var

Frikadellen

Die Fleischbällchen brutzelten in der **Pfanne**, und der Duft ließ mir das Wasser im **Mund** zusammenlaufen. Ich konnte es kaum erwarten, sie zu essen! Ich hatte den ganzen Morgen gekocht, und alles war fertig. Der Tisch war gedeckt, und der Salat war im Kühlschrank. Jetzt musste ich nur noch das Essen auftischen. Ich habe drei Fleischbällchen auf jeden Teller gelegt, zusammen mit einem Teil der **Soße** aus der Pfanne. Dann fügte ich eine Schaufel Kartoffelpüree und einige grüne Bohnen hinzu. Zum Schluss habe ich jeden Teller mit einem Zweig Petersilie garniert. Es sah aus wie ein Festmahl! Und es hat sogar noch besser geschmeckt, als es aussah. Die Fleischbällchen waren saftig und schmackhaft, und die Soße war perfekt. Es dauerte nicht lange, und wir waren alle vollgestopft mit Köstlichkeiten. Es war der nächste Tag, und ich dachte schon wieder an diese Fleischbällchen. Sie gingen mir einfach nicht mehr aus dem Kopf! Ich beschloss, eine Portion für das **Mittagessen zu** machen, damit ich sie wieder essen konnte.

Ich hielt mich genau an das Rezept, und schon bald brutzelten sie in der Pfanne vor sich hin. Der Geruch ließ mir schon wieder das Wasser im Mund zusammenlaufen. Aber dieses Mal geschah noch etwas

helt enkelt för mycket att motstå. Inom kort fanns det inga köttbullar kvar i pannan... eller i min mage. Jag började bli lite orolig. Det hade gått några dagar sedan jag senast hade ätit köttbullar och jag började känna abstinensbesvär. Jag började darra och min mage knorrade hela tiden. Jag visste att jag behövde en ny fix snart. Så jag satte återigen **igång med att** göra en omgång köttbullar.

Den här gången fördubblade jag dock receptet. Det borde räcka för att hålla mig vid liv ett tag. Medan de kokade började min mun vattnas av **förväntan**. Och när de var klara, oj, vad goda de var! Till och med bättre än tidigare! Såsen var perfekt och köttbullarna smälte bara i munnen. Läckert. Jag började tänka att jag kanske hade ett problem. Jag åt köttbullar varje dag nu, och jag kunde inte få nog av dem. De var allt jag kunde tänka på. **Frukost**, lunch och middag, det spelade ingen roll.

anderes... Mein **Magen** fing an zu knurren! Es hörte sich an, als ob er eines dieser Fleischbällchen wollte. Das tat ich dann auch. Ich nahm eines aus der Pfanne und steckte es mir in den Mund. Und sie schmeckten noch besser als gestern! Die saftige, würzige Frikadelle in Kombination mit der **perfekten** Soße war einfach zu gut, um ihr zu widerstehen. Es dauerte nicht lange, da waren keine Fleischbällchen mehr in der Pfanne... oder in meinem Magen. Ich begann, mir Sorgen zu machen. Es war schon ein paar Tage her, dass ich das letzte Mal Fleischbällchen gegessen hatte, und ich begann, Entzugserscheinungen zu spüren. Ich wurde zittrig und mein Magen knurrte die ganze Zeit. Ich wusste, dass ich bald wieder einen Schuss brauchte. Also machte ich mich wieder einmal an die **Arbeit, um** eine Ladung Fleischbällchen zu machen.

Diesmal habe ich jedoch das Rezept verdoppelt. Das sollte reichen, um mich für eine Weile durchzubringen. Während sie kochten, lief mir schon **das** Wasser im Mund zusammen. Und als sie fertig waren, oh Mann, waren sie gut! Noch besser als vorher! Die Soße war perfekt, und die Fleischbällchen schmolzen mir auf der Zunge. Köstlich. Ich fing an zu glauben, dass ich vielleicht ein Problem hatte. Ich aß jetzt jeden Tag Fleischbällchen, und ich konnte einfach nicht genug von ihnen bekommen. Ich konnte an nichts anderes mehr denken als an sie. **Frühstück**, Mittag- und Abendessen; es spielte keine Rolle.

Frågor om förståelse

1. Vad gör huvudpersonen när hon är sugen på köttbullar?

2. Vad sa huvudpersonens läkare till henne?

3. Hur känner huvudpersonen för köttbullar nu?

4. Vad lägger huvudpersonen på sin tallrik?

5. Hur gör huvudpersonen sina köttbullar?

6. Vad tänker huvudpersonen på när hon lagar köttbullarna?

7. Vad säger huvudpersonens familj till henne om hennes köttbullsberoende?

8. Vad gör huvudpersonen när hon känner abstinensbesvär?

9. Vad är huvudpersonens sista halmstrå?

10. Vad var huvudpersonens mål?

Fragen zum Verständnis

1. Was macht die Protagonistin, wenn sie Lust auf Fleischbällchen hat?

2. Was hat der Arzt der Protagonistin ihr gesagt?

3. Was hält der Protagonist jetzt von Fleischbällchen?

4. Was tut die Protagonistin auf ihren Teller?

5. Wie macht die Protagonistin ihre Frikadellen?

6. Woran denkt die Protagonistin, während sie die Fleischbällchen kocht?

7. Was sagt die Familie der Protagonistin zu ihrer Buletten-Sucht?

8. Was tut die Protagonistin, wenn sie unter Entzugserscheinungen leidet?

9. Was ist der letzte Strohhalm des Protagonisten?

10. Was war das Ziel des Protagonisten?

Norrsken

Norrskenet har alltid varit en källa till **förundran** för mig. Som barn låg jag i sängen och stirrade på dem i timmar och föreställde mig hur det skulle vara att röra vid dem. Nu, som vuxen, skulle jag äntligen få min chans. Jag var på en resa till Sverige med min bästa vän när vi bestämde oss för att jaga ljusen. Vi körde upp i bergen, bort från stadens ljus, och hittade en plats att slå upp vårt läger på. Sedan väntade vi. När natten föll började himlen fyllas med färg. Först var det ett **svagt** grönaktigt sken, sedan dök strimmor av rosa och lila upp över himlen. Och slutligen kom den magnifika uppvisning av virvlande färger som vi hade kommit för att se: norrskenet. Vi såg med häpnad på när **ljusen** dansade över oss. Det liknade ingenting som jag någonsin hade sett förut.

Jag kände en plötslig lust att röra vid dem och innan jag visste ordet av **sprang** jag mot dem. Min vän ropade på mig, men jag var redan för nära. Jag kunde känna värmen från ljusen på min hud när jag sträckte mig för att röra vid dem. Och sedan, plötsligt, föll jag. Jag vaknade en tid senare och låg på marken. Norrskenet var borta, och det var min vän också. Jag försökte resa mig upp, men mitt **ben** var skadat och jag kunde inte röra mig. Jag låg där i flera timmar och väntade på att

Nordlichter

Die Nordlichter haben mich schon immer in ihren
Bann gezogen. Als Kind lag ich im Bett und starrte
sie stundenlang an und stellte mir vor, wie es wäre,
sie zu berühren. Jetzt, als Erwachsene, sollte ich
endlich meine Chance bekommen. Ich war mit meiner
besten Freundin auf einer Reise nach Schweden,
als wir beschlossen, den Lichtern nachzujagen. Wir
fuhren in die Berge, weit weg von den Lichtern der
Stadt, und suchten uns einen Platz, um unser Lager
aufzuschlagen. Dann haben wir gewartet. Als die Nacht
hereinbrach, begann sich der Himmel mit Farben
zu füllen. Zuerst gab es ein **schwaches** grünliches
Leuchten, dann erschienen rosa und violette Streifen
über dem Himmel. Und schließlich das prächtige
Schauspiel wirbelnder Farben, das wir sehen wollten:
das Nordlicht. Wir beobachteten ehrfürchtig, wie die
Lichter über uns tanzten. So etwas hatte ich noch nie
zuvor gesehen.

Plötzlich verspürte ich den Drang, sie zu berühren,
und ehe ich mich versah, **rannte ich** auf sie zu. Mein
Freund rief nach mir, aber ich war schon zu nah dran.
Ich spürte die Hitze der Lichter auf meiner Haut, als
ich die Hand ausstreckte, um sie zu berühren. Und
dann, plötzlich, fiel ich. Einige Zeit später wachte ich

hjälp skulle komma. Men ingen kom. Så småningom började det bli mörkt igen och kylan satte in. När mörkret sluter sig kring mig ser jag återigen ljusen: virvlande färger över himlen som tycks håna mig med sin **skönhet**. Och sedan blev allting svart. Jag vaknade till **ljudet** av röster. Jag hade blivit räddad!

Min vän hade gått för att hämta hjälp när jag sprang iväg och gick vilse. När jag bars ner för **berget** på en bår kunde jag inte låta bli att titta tillbaka på norrskenet. De var fortfarande där, dansade på himlen som om ingenting hade hänt. Jag fördes till **sjukhus och** behandlades för mina **skador**. Men även nu, månader senare, kan jag inte glömma den magiska natten när jag jagade ljusen. Och en dag ska jag åka tillbaka.

auf dem Boden liegend auf. Die Nordlichter waren verschwunden, und mein Freund auch. Ich versuchte, aufzustehen, aber mein **Bein** war verletzt und ich konnte mich nicht bewegen. Ich lag stundenlang da und wartete auf Hilfe. Aber es kam niemand. Schließlich brach die Nacht wieder herein und die Kälte setzte ein. Als die Dunkelheit mich einhüllte, sah ich noch einmal die Lichter: wirbelnde Farben über mir, die mich mit ihrer **Schönheit zu** verhöhnen schienen. Und dann wurde alles schwarz. Ich erwachte durch den **Klang** von Stimmen. Ich war gerettet worden!

Mein Freund hatte Hilfe geholt, als ich weggelaufen war und mich verlaufen hatte. Als ich auf einer Bahre den **Berg** hinuntergetragen wurde, konnte ich nicht umhin, die Nordlichter zu betrachten. Sie waren immer noch da und tanzten am Himmel, als ob nichts passiert wäre. Ich wurde ins **Krankenhaus** gebracht und meine **Verletzungen wurden** behandelt. Aber selbst jetzt, Monate später, kann ich diese magische Nacht, in der ich die Lichter verfolgte, nicht vergessen. Und eines Tages werde ich zurückkehren.

Frågor om förståelse

1. Vad var huvudpersonens barndomsdröm?

2. Hur kände huvudpersonen för norrskenet?

3. Vad hände när huvudpersonen sprang mot norrskenet?

4. Var befann sig huvudpersonen när han eller hon vaknade?

5. Varför gick huvudpersonens vän för att få hjälp?

6. Hur såg norrskenet ut när huvudpersonen räddades?

7. Vilken var huvudpersonens skada?

8. Vart fördes huvudpersonen efter att ha räddats?

9. När planerar huvudpersonen att åka tillbaka?

10. Vad var huvudpersonens upplevelse överlag?

Fragen zum Verständnis

1. Was war der Kindheitstraum des Protagonisten?

2. Wie hat der Protagonist die Nordlichter erlebt?

3. Was geschah, als der Protagonist auf das Nordlicht zulief?

4. Wo war der Protagonist, als er aufgewacht ist?

5. Warum hat der Freund des Protagonisten um Hilfe gebeten?

6. Wie waren die Nordlichter, als der Protagonist gerettet wurde?

7. Was war die Verletzung des Protagonisten?

8. Wohin wurde der Protagonist nach seiner Rettung gebracht?

9. Wann will der Protagonist zurückkehren?

10. Welche Erfahrungen hat der Protagonist insgesamt gemacht?

Stockholm

Stockholm är en vacker stad. Gatorna är kantade av **träd och** byggnaderna är alla olika vita nyanser. Det är en fridfull plats, men det är något med den som känns fel. Kanske beror det på att jag kommer från Amerika och inte är van vid sådan lugn och ro. Jag är här på semester med min **pojkvän** Anders. Vi bor i en liten Airbnb nära Gamla Stan, Gamla stan i Stockholm. Vi anlände igår och har varit på upptäcktsfärd sedan dess. Idag bestämde vi oss för att ta en promenad på Södermalm, en av Stockholms ö-distrikt. När vi gick kunde jag inte låta bli att lägga märke till hur tomma gatorna var. Det var inte många människor ute och rörde sig som man skulle förvänta sig i en stor stadsdel i centrum som denna, som normalt sett är full av aktivitet dag och natt oavsett årstid. Men idag? kusligt tyst Nästan för **tyst**.

Vi vandrade en stund och tog in stadens sevärdheter och ljud. Men oavsett vart vi gick, blev känslan av **obehag** bara starkare. Jag försökte skaka av mig den och intalade mig själv att jag bara var paranoid. Men Anders verkade också känna det. Han tittade hela tiden över axeln och kastade en nervös blick omkring sig. Till slut bestämde vi oss för att gå tillbaka till vårt Airbnb. Vi var båda utmattade av all **vandring** och behövde

Stockholm

Die Stadt Stockholm ist ein wunderschöner Ort. Die Straßen sind von **Bäumen** gesäumt, und die Gebäude sind alle in verschiedenen Weißtönen gehalten. Es ist ein friedlicher Ort, aber irgendetwas an ihm fühlt sich nicht richtig an. Vielleicht liegt es daran, dass ich aus Amerika komme und solche Ruhe und Frieden nicht gewohnt bin. Ich bin hier im Urlaub mit meinem **Freund** Anders. Wir wohnen in einem kleinen Airbnb in der Nähe von Gamla Stan, dem Altstadtviertel von Stockholm. Wir sind gestern angekommen und haben seitdem die Stadt erkundet. Heute haben wir beschlossen, einen Spaziergang durch Södermalm zu machen, eines der Inselviertel in Stockholm. Während wir spazieren gingen, fiel mir auf, wie leer die Straßen waren. Es waren nicht so viele Menschen unterwegs, wie man es in einem großen Innenstadtbezirk wie diesem erwarten würde, in dem normalerweise Tag und Nacht viel los ist, egal zu welcher Jahreszeit. Aber heute? unheimlich ruhig, fast zu **ruhig**.

Wir gingen eine Weile spazieren und nahmen die Sehenswürdigkeiten und Geräusche der Stadt in uns auf. Aber egal, wohin wir gingen, das Gefühl des **Unbehagens** wurde immer stärker. Ich versuchte, es abzuschütteln und redete mir ein, dass ich einfach

ändå en paus. När vi gick tillbaka kunde jag inte låta bli att lägga märke till hur varenda butik och restaurang vi passerade hade sina fönsterluckor nere trots att det fortfarande var tidig eftermiddag. Vad är det som händer? Är det något slags evenemang som äger rum i dag som jag inte känner till? När vi kom tillbaka till vårt Airbnb fann vi att våra värdar hade lämnat en **lapp** till oss där det stod att de hade gått ut för dagen och inte skulle vara tillbaka förrän sent på kvällen. Det är märkligt. Varför skulle de gå ut när det uppenbarligen är något på gång i staden? Oavsett så bestämde Anders och jag oss för att **utnyttja att vi** hade stället för oss själva och tog en lång tupplur.

Det var mörkt när vi vaknade från vår tupplur. Vi var båda utsvultna, så vi bestämde oss för att ge oss ut i staden på jakt efter mat. Men så fort vi klev **ut** insåg vi att något definitivt var fel. Gatorna var helt tomma nu - inte en själ i sikte. Alla lampor var släckta i alla **byggnader,** vilket fick staden att se ut som en spökstad. Det var kusligt och oroväckande.

nur paranoid war. Aber Anders schien es auch zu spüren. Er schaute immer wieder über seine Schulter und blickte sich nervös um. Schließlich beschlossen wir, zu unserem Airbnb zurückzufahren. Wir waren beide erschöpft vom vielen **Laufen** und brauchten sowieso eine Pause. Auf dem Rückweg fiel mir auf, dass in allen Geschäften und Restaurants, an denen wir vorbeikamen, die Rollläden geschlossen waren, obwohl es noch früher Nachmittag war. Was ist denn hier los? Findet heute irgendeine Veranstaltung statt, von der ich nichts weiß? Als wir zu unserem Airbnb zurückkehrten, stellten wir fest, dass unsere Gastgeber uns eine **Nachricht** hinterlassen hatten, dass sie für den Tag verreist waren und erst am späten Abend zurückkommen würden. Das ist seltsam. Warum sollten sie weggehen, wenn in der Stadt offensichtlich etwas los ist? Wie dem auch sei, Anders und ich beschlossen, den **Vorteil zu nutzen**, die Wohnung für uns allein zu haben, und machten ein langes Nickerchen.

Es war schon dunkel, als wir aus unserem Nickerchen erwachten. Wir waren beide hungrig und beschlossen, uns auf die Suche nach Essen in die Stadt zu begeben. Doch sobald wir **nach draußen** traten, merkten wir, dass etwas nicht stimmte. Die Straßen waren jetzt völlig leer - keine Menschenseele in Sicht. In allen **Gebäuden** waren die Lichter ausgeschaltet, sodass die Stadt wie eine Geisterstadt aussah. Es war unheimlich und beunruhigend.

Frågor om förståelse

1. Vad tycker huvudpersonen om Stockholm?

2. Var bor huvudpersonen i Stockholm?

3. Vad tycker huvudpersonen är konstigt med staden?

4. Vem är med huvudpersonen?

5. Vad lägger de märke till om staden när de går runt?

6. Vad hittar de när de kommer tillbaka till sitt Airbnb?

7. Vad gör de när de inte kan hitta mat?

8. Vad hör de på avstånd?

9. Vad gör de när de hör ljudet?

10. Vad anser huvudpersonen om staden i slutet av texten?

Fragen zum Verständnis

1. Was ist die Meinung des Protagonisten zu Stockholm?

2. Wo hält sich der Protagonist in Stockholm auf?

3. Was findet der Protagonist an der Stadt merkwürdig?

4. Wer ist mit dem Protagonisten zusammen?

5. Was fällt ihnen bei ihrem Rundgang durch die Stadt auf?

6. Was finden sie vor, wenn sie zu ihrem Airbnb zurückkehren?

7. Was tun sie, wenn sie keine Nahrung finden?

8. Was hören sie in der Ferne?

9. Was tun sie, wenn sie das Geräusch hören?

10. Was ist die Meinung des Protagonisten über die Stadt am Ende des Textes?

ABBA

Första gången jag såg ABBA var på TV. Min mamma och pappa satt i **vardagsrummet och** tittade på något varietéprogram när plötsligt dessa fyra personer dök upp på skärmen och sjöng och dansade av hela sitt hjärta. De såg så lyckliga och bekymmerslösa ut - det var som om de befann sig i en helt annan **värld.** Jag minns att jag tänkte för mig själv att jag ville vara precis som dem en dag.

Några år senare var jag äntligen gammal nog att se ABBA på konsert. Jag minns att jag var så uppspelt när vi körde till **arenan,** mitt hjärta bankade i bröstet hela vägen dit. Så snart de gick upp på scenen var jag fascinerad. De var ännu bättre live än de var på TV! Deras energi var smittsam och jag kunde inte låta bli att dansa med alla andra i **publiken**. Det var en oförglömlig upplevelse. När jag numera hör en ABBA-låt på radion tar det mig tillbaka till den första **konserten för** alla dessa år sedan.

Det är otroligt hur något så enkelt kan väcka så starka **minnen - men** det är precis vad musik gör. Den har förmågan att föra oss tillbaka till olika ögonblick i våra liv, bra eller dåliga, glada eller ledsna. Och av den anledningen kommer ABBA alltid att ha en **speciell**

ABBA

Das erste Mal, dass ich ABBA gesehen habe, war im Fernsehen. Meine Mutter und mein Vater saßen im Wohnzimmer und schauten irgendeine Varieté-Show, als plötzlich diese vier Leute auf dem Bildschirm erschienen und aus vollem Herzen sangen und tanzten. Sie sahen so glücklich und sorglos aus - es war, als wären sie in einer ganz anderen **Welt**. Ich weiß noch, wie ich mir dachte, dass ich eines Tages genau so sein wollte wie sie.

Ein paar Jahre später war ich endlich alt genug, um ein ABBA-Konzert zu besuchen. Ich erinnere mich, dass ich so aufgeregt war, als wir zur **Arena** fuhren, dass mein Herz auf dem ganzen Weg dorthin in meiner Brust pochte. Sobald sie die Bühne betraten, war ich wie hypnotisiert. Live waren sie noch besser als im Fernsehen! Ihre Energie war ansteckend, und ich konnte nicht anders, als mit allen anderen im **Publikum** mitzutanzen. Es war ein unvergessliches Erlebnis. Wann immer ich heute einen ABBA-Song im Radio höre, erinnere ich mich an dieses erste **Konzert** vor all den Jahren.

Es ist erstaunlich, wie etwas so Einfaches so starke **Erinnerungen wecken** kann - **aber** genau das ist es,

plats i mitt hjärta. Så om du någonsin känner dig nedstämd, eller om det känns som om världen är emot dig, kom ihåg att det alltid finns **musik** som kan lyfta ditt humör. Och vem vet? Kanske har du också en dag turen att få se ABBA live på konsert - jag lovar att det kommer att vara värt det. Tills dess, fortsätt **dansa** och ge aldrig upp dina drömmar.

was Musik tut. Sie hat die Macht, uns in verschiedene Momente unseres Lebens zurück zu versetzen, in gute oder schlechte, glückliche oder traurige. Und aus diesem Grund wird ABBA immer einen **besonderen** Platz in meinem Herzen haben. Wenn du dich also jemals niedergeschlagen fühlst oder das Gefühl hast, dass die Welt gegen dich ist, denk einfach daran, dass es immer **Musik** gibt, die deine Stimmung hebt. Und wer weiß? Vielleicht habt Ihr eines Tages das Glück, ABBA auch live im Konzert zu sehen - ich verspreche, es wird sich lohnen. Bis dahin, **tanzt** weiter und gebt eure Träume nie auf.

Frågor om förståelse

1. Vilket tv-program tittade författarens föräldrar på när de såg ABBA för första gången?

2. Vad tyckte författaren om ABBA när de såg dem på TV?

3. När såg författaren sin första ABBA-konsert?

4. Hur kändes det för författaren att åka till konserten?

5. Hur var ABBA live jämfört med TV?

6. Vad säger författaren om ABBA nu?

7. Vad säger författaren om musik i allmänhet?

8. Vad säger författaren att man ska göra om man känner sig nedstämd?

9. Vad är författarens slutmål?

10. Vad säger författaren att ABBA alltid kommer att vara för dem?

Fragen zum Verständnis

1. Welche Fernsehsendung haben die Eltern des Autors gesehen, als sie ABBA zum ersten Mal sahen?

2. Was hat der Autor über ABBA gedacht, als er sie im Fernsehen sah?

3. Wann war das erste ABBA-Konzert des Autors?

4. Wie hat sich der Autor gefühlt, als er zu dem Konzert fuhr?

5. Wie war ABBA live im Vergleich zum Fernsehen?

6. Was sagt der Autor jetzt über ABBA?

7. Was sagt der Autor über Musik im Allgemeinen?

8. Was sagt der Autor, was man tun soll, wenn man sich niedergeschlagen fühlt?

9. Was ist das Ziel des Autors?

10. Was sagt der Autor, dass ABBA für sie immer sein wird?

Ice Hotel

Ice Hotel i Sverige är en plats som inte liknar någon annan. Det är helt och hållet gjort av **is,** och det är helt hisnande. Varje år kommer människor från hela världen för att uppleva dess unika skönhet. I år är det särskilt en **kvinna som** dras till Ice Hotel. Hon har gått igenom några tuffa tider nyligen och känner att hon behöver ett miljöombyte. Kanske är det här stället precis vad hon behöver för att få sitt liv på **rätt köl** igen.

Så snart hon kliver in vet hon att det är något speciellt med det här stället. Hon kan känna den positiva **energin som** sprids från alla håll. Hon bestämmer sig för att stanna ett tag och se vad det här stället har att erbjuda. Kvinnan tillbringar sina dagar med att utforska ishotellet och allt det har att erbjuda. Hon träffar en del **intressanta** människor och hon får till och med följa med på några äventyr. Ju mer tid hon tillbringar här, desto mer inser hon att det här stället är precis vad hon behöver. Hon börjar känna sig som sig själv igen, och hon börjar till och med tänka på sin framtid. Kanske är det här som hon ska vara. Kanske är det här hon kommer att hitta **lyckan** igen.

Så småningom är det dags för kvinnan att lämna Ice Hotel. Hon är ledsen över att gå, men hon vet att det är dags. Hon är **tacksam** för allt som det här stället har

Eis-Hotel

Das Ice Hotel in Schweden ist ein Ort wie kein anderer. Es besteht vollständig aus **Eis** und ist absolut atemberaubend. Jedes Jahr kommen Menschen aus der ganzen Welt, um seine einzigartige Schönheit zu erleben. In diesem Jahr zieht es vor allem eine **Frau in das** Eishotel. Sie hat in letzter Zeit einige schwere Zeiten durchgemacht und hat das Gefühl, dass sie einen Tapetenwechsel braucht. Vielleicht ist dieser Ort genau das, was sie braucht, um ihr Leben wieder in den **Griff zu bekommen**.

Sobald sie den Raum betritt, weiß sie, dass dieser Ort etwas Besonderes ist. Sie kann die positive **Energie** spüren, die von allen Seiten ausgeht. Sie beschließt, eine Weile zu bleiben und zu sehen, was dieser Ort zu bieten hat. Die Frau verbringt ihre Tage damit, das Eishotel und alles, was es zu bieten hat, zu erkunden. Sie lernt einige **interessante** Menschen kennen und erlebt sogar einige Abenteuer. Je mehr Zeit sie hier verbringt, desto mehr merkt sie, dass dieser Ort genau das ist, was sie braucht. Sie beginnt, sich wieder wie sie selbst zu fühlen, und sie beginnt sogar, über ihre Zukunft nachzudenken. Vielleicht ist dies der Ort, an dem sie hingehört. Vielleicht wird sie hier noch einmal ihr **Glück** finden.

gett henne, och hon vet att det alltid kommer att ha en speciell plats i hennes hjärta. När hon går ut i solljuset känner hon sig som en ny människa. Hon är redo att ta sig an vad livet än kastar på henne härnäst, och hon vet att **ingenting** kan stoppa henne nu. Kvinnan glömmer aldrig sin tid på Ice Hotel. Det är en plats som förändrade hennes liv, och hon kommer alltid att vara tacksam för det. Hon fortsätter att leva sitt liv fullt ut och hon vet att allt är möjligt nu. Tack vare Ice Hotel hittade hon sig själv igen. Och hon vet att hon aldrig kommer att tappa bort det som verkligen är **viktigt** i livet.

Schließlich kommt der Zeitpunkt, an dem die Frau das Eishotel verlassen muss. Sie ist traurig zu gehen, aber sie weiß, dass es an der Zeit ist. Sie ist **dankbar** für alles, was dieser Ort ihr gegeben hat, und sie weiß, dass er immer einen besonderen Platz in ihrem Herzen haben wird. Als sie ins Sonnenlicht hinausgeht, fühlt sie sich wie ein neuer Mensch. Sie ist bereit für alles, was das Leben ihr als Nächstes vorgibt, und sie weiß, dass sie jetzt **nichts** mehr aufhalten kann. Die Frau vergisst ihre Zeit im Ice Hotel nie. Es ist ein Ort, der ihr Leben verändert hat, und dafür wird sie immer dankbar sein. Sie lebt ihr Leben weiterhin in vollen Zügen und weiß, dass jetzt alles möglich ist. Dank des Ice Hotels hat sie wieder zu sich selbst gefunden. Und sie weiß, dass sie nie aus den Augen verlieren wird, was im Leben wirklich **wichtig ist**.

Frågor om förståelse

1. Vad är Ice Hotel i Sverige?

2. Vad är kvinnans anledning till att besöka Ice Hotel?

3. Hur känner sig kvinnan när hon för första gången kliver in i Ice Hotel?

4. Vad gör kvinnan under sin tid på Ice Hotel?

5. Hur känner sig kvinnan när hon måste lämna Ice Hotel?

6. Vilken lärdom får kvinnan av sin tid på Ice Hotel?

7. Vad säger kvinnan om Ice Hotel?

8. Hur förändrar Ice Hotel kvinnans liv?

9. Hur ser kvinnan på livet efter sin tid på Ice Hotel?

10. Vad glömmer kvinnan aldrig om sin tid på Ice Hotel?

Fragen zum Verständnis

1. Was ist das Eishotel in Schweden?

2. Was ist der Grund für den Besuch der Frau im Eishotel?

3. Wie fühlt sich die Frau, als sie zum ersten Mal das Eishotel betritt?

4. Was macht die Frau während ihrer Zeit im Eishotel?

5. Wie fühlt sich die Frau, als sie das Eishotel verlassen muss?

6. Welche Lektion lernt die Frau aus ihrer Zeit im Eishotel?

7. Was sagt die Frau über das Eishotel?

8. Wie verändert das Eishotel das Leben der Frau?

9. Wie sieht die Frau das Leben nach ihrer Zeit im Eishotel?

10. Was vergisst die Frau nie über ihre Zeit im Ice Hotel?

Dala häst

Dalahästen i trä har snittats av en skicklig **hantverkare i den** lilla staden Dalarna i Sverige. Den tillverkades av en enda träbit och målades med ljusa färger. Hästen var tänkt att vara en leksak för barn, men den blev snabbt populär även bland vuxna. Människor började samla på dem och ställa ut dem i sina **hem**. Dalahästen blev en symbol för svensk kultur och tradition. Den representerade det hårda arbetet och hantverket hos folket i Dalarna. Hästarna gavs ofta som gåvor till vänner och familjemedlemmar. De användes också som **dekorationer** vid bröllop och andra speciella tillfällen. På senare år har Dalahästens popularitet ökat ännu mer. Turister från hela världen kommer till Dalarna för att se dessa vackra hästar som visas upp i butiker och gallerier. Vissa människor har till och med låtit tatuera dem på sina kroppar! Mia är född och uppvuxen i Dalarna, så hon har alltid varit bekant med **Dalahästen**.

När hon var liten snickrade hennes farfar en sådan till henne i trä. Den var Mias mest **värdefulla** ägodel och hon tog den med sig överallt. Som vuxen har Mia nu en liten butik i Dalarna där hon säljer **handgjorda** Dalahästar. Hon älskar att se den glädje som dessa hästar ger människor. Varje dag ser hon turister från hela världen komma in i hennes butik för att köpa

Dalapferd

Das Dala-Holzpferd wurde von einem geschickten **Handwerker** in der kleinen Stadt Dalarna in Schweden geschnitzt. Es wurde aus einem einzigen Stück Holz gefertigt und mit bunten Farben bemalt. Das Pferd war eigentlich als Spielzeug für Kinder gedacht, wurde aber schnell auch bei Erwachsenen beliebt. Die Menschen begannen, es zu sammeln und in ihren **Häusern** auszustellen. Das Dalapferd wurde zu einem Symbol der schwedischen Kultur und Tradition. Es stand für die harte Arbeit und die Handwerkskunst der Menschen in Dalarna. Die Pferde wurden oft als Geschenk an Freunde und Familienmitglieder weitergegeben. Sie wurden auch als **Dekoration** bei Hochzeiten und anderen besonderen Anlässen verwendet. In den letzten Jahren hat die Popularität des Dalapferdes noch zugenommen. Touristen aus der ganzen Welt kommen nach Dalarna, um diese schönen Pferde in Geschäften und Galerien zu sehen. Manche lassen sie sich sogar auf den Körper tätowieren! Mia ist in Dalarna geboren und aufgewachsen, daher ist sie mit dem **Dalapferd** schon immer vertraut gewesen.

Als sie ein Kind war, schnitzte ihr Großvater eines für sie aus Holz. Es war Mias **wertvollster** Besitz und sie nahm es überallhin mit. Als Erwachsene besitzt

dessa speciella souvenirer. Mia är väldigt stolt över sitt svenska arv och Dalahästen är en stor del av det. För Mia representerar dessa hästar allt som är bra med Sverige: hårt arbete, hantverk och tradition. Dalahästen har varit en del av Annas familj i **generationer**. Hennes farfars farfar snickrade en till hennes mormor när hon var liten. Nu har Anna fört traditionen vidare till sin egen dotter. Varje år på julafton samlas familjen runt granen och sjunger svenska sånger. I mitten av rummet står deras vackra Dalahäst, omgiven av presenter. Det är en speciell stund som alla ser fram emot och som påminner dem om deras rika **arv**.

Annas dotter älskar att höra berättelser om Sverige och dess kultur. Hon är fascinerad av dessa hästar och kan inte vänta på att starta en egen samling en dag. John och hans fru Sarah var på semester i Sverige när de såg sin första Dalahäst. De blev genast charmade av dessa vackra trähästar och bestämde sig för att köpa en som en souvenir.

Mia nun einen kleinen Laden in Dalarna, in dem sie **handgefertigte** Dalapferde verkauft. Sie liebt es, die Freude zu sehen, die diese Pferde in die Gesichter der Menschen zaubern. Jeden Tag sieht sie, wie Touristen aus der ganzen Welt in ihr Geschäft kommen, um diese besonderen Souvenirs zu kaufen. Mia ist sehr stolz auf ihr schwedisches Erbe, und das Dala-Pferd ist ein großer Teil davon. Für Mia stehen diese Pferde für alles, was an Schweden gut ist: harte Arbeit, Handwerkskunst und Tradition. Das Dala-Pferd ist seit **Generationen** ein Teil von Annas Familie. Ihr Urgroßvater schnitzte eines für ihre Großmutter, als diese noch ein Kind war. Jetzt hat Anna die Tradition an ihre eigene Tochter weitergegeben. Jedes Jahr an Heiligabend versammelt sich die Familie um den Baum und singt schwedische Weihnachtslieder. In der Mitte des Raumes steht ihr wunderschönes Dalapferd, umgeben von Geschenken. Es ist ein besonderer Moment, auf den sie sich alle freuen und der sie an ihr reiches **Erbe** erinnert.

Annas Tochter liebt es, Geschichten über Schweden und seine Kultur zu hören. Sie ist fasziniert von diesen Pferden und kann es kaum erwarten, eines Tages ihre eigene Sammlung aufzubauen. John und seine Frau Sarah waren im Urlaub in Schweden, als sie ihr erstes Dala-Pferd sahen. Sie waren sofort von diesen wunderschönen Holzpferden fasziniert und beschlossen, eines als Souvenir zu kaufen.

Frågor om förståelse

1. Varifrån kommer Dalahästarna?

2. Hur tillverkas de?

3. Vad representerar de?

4. Hur länge har de funnits?

5. Vad betyder författarens farfar för henne?

6. Vad arbetar författaren med?

7. Vad betyder Dalahästen för Annas familj?

8. Hur kände sig John och Sarah efter resan till Sverige?

9. Vilken är författarens svenska favoritstad?

10. Var har Mia sin Dala-häst?

Fragen zum Verständnis

1. Woher kommen die Dalapferde?

2. Wie werden sie hergestellt?

3. Was stellen sie dar?

4. Wie lange gibt es sie schon?

5. Welche Bedeutung hat der Großvater der Autorin für sie?

6. Was macht der Autor beruflich?

7. Welche Bedeutung hat das Dalapferd für Annas Familie?

8. Wie haben sich John und Sarah nach ihrer Reise nach Schweden gefühlt?

9. Was ist die Lieblingsstadt des Autors in Schweden?

10. Wo hält Mia ihr Dalapferd?

Gamla Stan

Första gången jag såg Gamla Stan var en kall vinterdag. Gatorna var täckta av snö och luften var så krispig att det kändes som om mina lungor frös vid varje andetag. Jag minns att jag tänkte för mig själv hur vackert det måste vara här på sommaren. Jag hade dock inte mycket tid att beundra utsikten eftersom jag var tvungen att gå till mitt möte. Min klient hade sagt att han skulle **vänta på** mig vid caféet på Stora Nygatan, så jag tog mig fram genom de slingrande gatorna tills jag hittade det. Så fort jag gick in visste jag att något var fel. Det fanns människor som satt hopkrupen runt borden och **pratade** i dämpade toner, och det fanns en kuslig känsla i luften. Sedan såg jag honom - min klient - sitta i ett hörnbås med en skräckfylld blick i **ansiktet**.

Jag närmade mig honom försiktigt, utan att veta vad jag skulle förvänta mig. Han såg upp på mig med lättnad i ögonen och vinkade åt mig att sätta mig ner. "Vad är det som händer?" Jag frågade honom. "Varför är folk så rädda?" Han lutade sig nära mig och sänkte **rösten** innan han talade. "Det finns ett monster som är löst i Gamla Stan", sa han. "Det har dödat människor." Jag visste inte vad jag skulle säga. Jag hade hört talas om monster tidigare, men jag hade aldrig riktigt trott att de existerade. Men här i Gamla Stan verkade det som om

Gamla Stan

Das erste Mal, dass ich Gamla Stan sah, war an einem kalten Wintertag. Die Straßen waren mit Schnee bedeckt, und die Luft war so frisch, dass ich das Gefühl hatte, meine Lungen würden bei jedem Atemzug gefrieren. Ich weiß noch, dass ich mir dachte, wie schön es hier im Sommer sein muss. Ich hatte jedoch nicht viel Zeit, um die Aussicht zu bewundern, denn ich musste zu meinem Termin gehen. Mein Kunde hatte mir gesagt, dass er in dem Café in der Stora Nygatan auf mich **warten** würde, und so machte ich mich auf den Weg durch die verwinkelten Straßen, bis ich es gefunden hatte. Als ich es betrat, wusste ich sofort, dass etwas nicht stimmte. Die Leute saßen um die Tische herum und unterhielten **sich** in gedämpftem Ton, und es lag ein unheimliches Gefühl in der Luft. Dann sah ich ihn - meinen Kunden - in einer Sitzecke sitzen, mit einem Ausdruck des Schreckens im **Gesicht**.

Ich näherte mich ihm vorsichtig, da ich nicht wusste, was mich erwarten würde. Er sah mich mit Erleichterung in den Augen an und bedeutete mir, mich zu setzen. "Was ist hier los?" fragte ich ihn. "Warum haben die Leute so viel Angst?" Er lehnte sich dicht an mich heran und senkte seine **Stimme**, bevor er sprach. "In Gamla Stan läuft ein Monster frei herum", sagte er.

allt var möjligt. "Har du någon aning om vad det är?" Jag frågade honom. "Har du sett det?" Han skakade på **huvudet** och sa att han inte hade sett den men att alla pratade om den. Monstret kommer tydligen bara ut på natten, så ingen vet hur det ser ut. Allt de vet är att det är stort och skrämmande och att det dödar människor. Jag sa till honom att jag skulle undersöka saken och se om jag kunde få reda på något mer om **monstret**. Han tackade mig och skyndade sig sedan iväg och lämnade mig **ensam** i caféet med mina tankar.

Jag bestämde mig för att ta en promenad i Gamla Stan och se om jag kunde hitta några ledtrådar om monstret. Gatorna var tomma, vilket var märkligt för en så livlig plats. Vanligtvis fanns det folk som gick omkring, till och med mitt i natten, men nu var det som om alla hade försvunnit. Jag svängde runt ett hörn och såg något som fick mitt **blod att** rinna kallt. **Fotspår** i snön som ledde in i en gränd. Det fanns bara en uppsättning fotspår, så det som gjorde dem måste ha varit väldigt stort. Jag följde fotspåren försiktigt, utan att veta vad jag skulle hitta i slutet av dem.

"Es tötet Menschen." Ich wusste nicht, was ich sagen sollte. Ich hatte zwar schon von Monstern gehört, aber ich hatte nie geglaubt, dass es sie wirklich gab. Aber hier in Gamla Stan schien alles möglich zu sein. "Hast du eine Ahnung, was es ist?" fragte ich ihn. "Hast du es gesehen?" Er schüttelte den **Kopf** und sagte, dass er es nicht gesehen habe, aber dass alle darüber reden würden. Das Ungeheuer kommt anscheinend nur nachts heraus, so dass niemand weiß, wie es aussieht. Alles, was sie wissen, ist, dass es groß und unheimlich ist und Menschen tötet. Ich sagte ihm, dass ich der Sache nachgehen und sehen würde, ob ich mehr über das **Monster herausfinden** könnte. Er bedankte sich, eilte dann davon und ließ mich mit meinen Gedanken **allein** im Café zurück.

Ich beschloss, einen Spaziergang durch Gamla Stan zu machen, um zu sehen, ob ich Hinweise auf das Monster finden konnte. Die Straßen waren leer, was für einen so belebten Ort seltsam war. Normalerweise liefen auch mitten in der Nacht Menschen herum, aber jetzt war es, als ob alle verschwunden wären. Ich bog um eine Ecke und sah etwas, das mir das **Blut in den Adern gefrieren ließ. Fußabdrücke** im Schnee, die in eine Gasse führten. Es gab nur einen Satz Fußabdrücke, also musste das, was sie verursachte, sehr groß gewesen sein. Vorsichtig folgte ich den Fußspuren, nicht wissend, was ich am Ende der Spuren finden würde.

Frågor om förståelse

1. Vad gör huvudpersonen när han för första gången ser sin klient på kaféet?

2. Vad berättar huvudpersonens klient att det händer i Gamla Stan?

3. Varför tror du att huvudpersonen bestämmer sig för att ta en promenad i Gamla Stan?

4. Vad hittar huvudpersonen när de följer fotspåren i snön?

5. Vad känner huvudpersonen när han ser monstret?

6. Hur ser monstret ut?

7. Hur försöker huvudpersonen kämpa mot monstret?

8. Varför tror du att huvudpersonen blir svart?

9. Vad tror du händer med huvudpersonen efter att han eller hon har fått en blackout?

Fragen zum Verständnis

1. Was tut der Protagonist, als er seinen Kunden zum ersten Mal im Café sieht?

2. Was sagt der Kunde des Protagonisten, was in Gamla Stan passiert?

3. Warum, glauben Sie, beschließt der Protagonist, einen Spaziergang in Gamla Stan zu machen?

4. Was findet der Protagonist, als er den Fußspuren im Schnee folgt?

5. Wie fühlt sich der Protagonist, wenn er das Monster sieht?

6. Wie sieht das Ungeheuer aus?

7. Wie versucht der Protagonist, sich gegen das Monster zu wehren?

8. Warum hat der Protagonist Ihrer Meinung nach einen Blackout?

9. Was, glaubst du, passiert mit dem Protagonisten, nachdem er einen Blackout hatte?

Drottningholms slott

Drottningholms slott är en vacker plats. Det har varit hem för många svenska kungligheter och är nu ett världsarv. Slottet ligger på en ö i Mälaren, strax utanför Stockholm. Ön ägdes en gång i tiden av kungafamiljen, men gavs till det svenska folket 1661. Slottet har bevarats väl och används fortfarande av kungafamiljen i dag. Det är också öppet för **besökare** från hela världen. Jag är en av de lyckliga besökare som får se detta fantastiska palats på nära håll. När jag går genom dess storslagna salar och rum kan jag föreställa mig hur livet måste ha varit för **kungligheterna för flera** hundra år sedan. Även om tiderna har förändrats är det något med denna plats som får mig att känna att jag kliver tillbaka i tiden. På min sista dag på Drottningholms slott tar jag en sista promenad runt på den fantastiska parken **innan jag** åker hem.

När jag beundrar utsikten över Mälaren fångar jag något i ögonen. På avstånd ser jag en grupp människor i traditionella **kläder som** går mot mig. De bär på musikinstrument och ser ut att vara redo att uppträda. När de når mig börjar de spela livlig musik och dansa. Det är en så glad syn att jag inte kan låta bli att delta! Vi

Schloss Drottningholm

Schloss Drottningholm ist ein wunderschöner Ort. Es war die Heimat vieler schwedischer Könige und gehört heute zum Weltkulturerbe. Das Schloss liegt auf einer Insel im Mälaren-See, direkt vor Stockholm. Die Insel war einst im Besitz der königlichen Familie, wurde aber 1661 dem schwedischen Volk übergeben. Der Palast ist gut erhalten und wird auch heute noch von der königlichen Familie genutzt. Es ist auch für **Besucher** aus aller Welt zugänglich. Ich gehöre zu den glücklichen Besuchern, die diesen erstaunlichen Palast aus der Nähe sehen können. Wenn ich durch die prächtigen Säle und Räume gehe, kann ich mir vorstellen, wie das Leben der **königlichen Familie** vor Jahrhunderten ausgesehen haben muss. Auch wenn sich die Zeiten geändert haben, hat dieser Ort etwas an sich, das mir das Gefühl gibt, in die Vergangenheit zurückzukehren. An meinem letzten Tag auf Schloss Drottningholm schlendere ich ein letztes Mal durch die atemberaubende Anlage, **bevor ich nach** Hause fahre.

Während ich die Aussicht auf den Mälarsee bewundere, fällt mir etwas ins Auge. In der Ferne sehe ich eine Gruppe von Menschen in traditioneller **Kleidung auf**

dansar tillsammans fram till **kvällen,** då de äntligen tar farväl av mig. När jag ser dem försvinna i mörkret vet jag att denna magiska upplevelse kommer att stanna kvar hos mig för alltid. Kapitel 1 Drottningholms slott är en vacker plats. Det har varit hem för många svenska **kungligheter** och är nu ett världsarv. Slottet ligger på en ö i Mälaren, strax utanför Stockholm. Ön ägdes en gång i tiden av kungafamiljen, men gavs till det svenska folket 1661. **Slottet** har bevarats väl och används fortfarande av kungafamiljen i dag. Det är också öppet för besökare från hela världen.

Jag är en av de lyckliga besökare som får se detta fantastiska palats på nära håll. När jag vandrar genom dess storslagna salar och rum kan jag **föreställa mig hur** livet måste ha varit för kungligheterna för flera hundra år sedan. Även om tiderna har förändrats är det något med denna plats som får mig att känna att jag **kliver** tillbaka i tiden.

mich zukommen. Sie haben Musikinstrumente dabei und sehen aus, als wären sie bereit für einen Auftritt. Als sie mich erreichen, fangen sie an, lebhafte Musik zu spielen und zu tanzen. Es ist ein so fröhlicher Anblick, dass ich nicht anders kann, als mitzumachen! Wir tanzten gemeinsam bis zum **Einbruch der Dunkelheit**, als sie sich schließlich von mir verabschiedeten. Als ich sie in der Dunkelheit verschwinden sehe, weiß ich, dass dieses magische Erlebnis für immer in mir bleiben wird. Kapitel 1 Schloss Drottningholm ist ein wunderschöner Ort. Es war die Heimat vieler schwedischer **Könige** und gehört heute zum Weltkulturerbe. Das Schloss liegt auf einer Insel im Mälaren-See, etwas außerhalb von Stockholm. Die Insel war einst im Besitz der königlichen Familie, wurde aber 1661 dem schwedischen Volk übergeben. Der **Palast ist** gut erhalten und wird auch heute noch von der königlichen Familie genutzt. Es ist auch für Besucher aus aller Welt zugänglich.

Ich gehöre zu den glücklichen Besuchern, die diesen erstaunlichen Palast aus der Nähe sehen können. Wenn ich durch die großen Säle und Räume gehe, kann ich **mir vorstellen, wie das** Leben der Könige vor Jahrhunderten ausgesehen haben muss. Auch wenn sich die Zeiten geändert haben, hat dieser Ort etwas an sich, das mir das Gefühl gibt, in die Vergangenheit zurückzukehren.

Frågor om förståelse

1. Vad heter slottet?

2. I vilket land ligger slottet?

3. Vad ligger palatset på?

4. När gavs ön till det svenska folket?

5. Vem använder slottet i dag?

6. Vad kan besökarna se när de går genom slottet?

7. Vilken känsla ger slottet författaren?

8. Vad ser författaren på deras sista dag på slottet?

9. Hur ser människorna i fjärran ut?

10. Vad tycker författaren om deras erfarenheter?

Fragen zum Verständnis

1. Wie lautet der Name des Palastes?

2. In welchem Land befindet sich der Palast?

3. Auf welchem Gelände befindet sich der Palast?

4. Wann wurde die Insel dem schwedischen Volk übergeben?

5. Wer benutzt den Palast heute?

6. Was können Besucher sehen, wenn sie durch den Palast gehen?

7. Welches Gefühl vermittelt der Palast dem Autor?

8. Was sieht der Autor an ihrem letzten Tag im Palast?

9. Wie sehen die Menschen in der Ferne aus?

10. Was denkt der Autor über seine Erfahrungen?

Fika

Det var en varm höstdag i Sverige och **löven hade** precis börjat vända. Luften var krispig och Fika älskade inget mer än att sitta ute med en kopp kaffe och ett bakverk. Hon hade sin favoritplats vid älven där hon kunde se ankorna simma förbi. Det var fridfullt och lugnande, precis vad hon behövde efter en lång vecka på jobbet. Hon satte sig vid sitt vanliga bord, beställde sitt kaffe och sitt **bakverk** och satte sig ner för en avkopplande morgon. Men idag var det något som var annorlunda. Det fanns en känsla i luften som fick Fika att känna sig **orolig**. Hon försökte skaka av sig den, men hon kunde inte fokusera på något annat än känslan av att något dåligt var på väg att hända. Plötsligt hörde hon rop från andra sidan floden. En grupp **män** bråkade med varandra och det såg ut som om de skulle slåss.

Fikas hjärta började rusa när hon såg hur de knuffade runt varandra tills en av dem till slut drog fram en **kniv**. Fika frystes av rädsla när hon såg hur mannen kastade sig över den andre med kniven. Hon såg hur han högg honom i **magen och** sedan hände allting så snabbt. Offret föll till marken och angriparen började springa iväg. Fika ryckte äntligen upp sig ur sin **trance** och sprang över för att hjälpa mannen som hade

Fika

Es war ein warmer Herbsttag in Schweden, und die **Blätter** begannen sich gerade zu färben. Die Luft war frisch, und Fika liebte nichts mehr, als mit einer Tasse Kaffee und einem Gebäckstück draußen zu sitzen. Sie hatte ihren Lieblingsplatz am Fluss, wo sie den Enten beim Schwimmen zusehen konnte. Es war friedlich und beruhigend, genau das, was sie nach einer langen Arbeitswoche brauchte. Sie setzte sich an ihren üblichen Tisch, bestellte ihren Kaffee und ihr **Gebäck und ließ sich** auf einen entspannten Morgen ein. Aber heute war etwas anders. Es lag ein Gefühl in der Luft, das Fika **Unbehagen bereitete**. Sie versuchte, es abzuschütteln, aber sie konnte sich auf nichts anderes konzentrieren als auf das Gefühl, dass etwas Schlimmes passieren würde. Plötzlich hörte sie Schreie von der anderen Seite des Flusses. Eine Gruppe von **Männern** stritt miteinander, und es sah so aus, als würden sie sich gleich prügeln.

Fikas Herz begann zu rasen, als sie sah, wie sie sich gegenseitig herumschubsten, bis schließlich einer von ihnen ein **Messer** zog. Fika war wie erstarrt vor Angst, als sie sah, wie der Mann sich mit dem Messer auf den anderen stürzte. Sie sah, wie er ihm in den **Bauch stach**, und dann ging alles ganz schnell. Das Opfer

blivit knivhuggen. Hon ringde 112 och gjorde sedan allt hon kunde för att hålla honom vid medvetande tills hjälpen anlände. Han **blödde** kraftigt, men han lyckades berätta för henne att han hette Anders innan han förlorade medvetandet. Fika stannade hos honom tills **ambulansen** kom och bad att han skulle bli bra. Anders överlevde attacken, men det var nära ögat. Han tillbringade veckor på sjukhuset för att återhämta sig från sina skador, men tack vare Fikas snabba tänkande återhämtade han sig helt och hållet. **Polisen** lyckades aldrig hitta hans angripare, men de misstänkte att det var någon från Anders förflutna som hade kommit tillbaka för att **hämnas**.

Fika besökte Anders ofta under hans **tillfrisknande och** de två blev vänner. Hon var glad att hon kunde hjälpa honom genom en så svår tid, och hon visste att deras möte inte bara var en slump - det var meningen. Fika och Anders fortsatte att hålla kontakten även efter att han släppts ut från sjukhuset. De hade båda fått en ny **uppskattning** för livet och de njöt av att tillbringa tid tillsammans. Fika hade äntligen hittat någon som förstod henne, och hon visste att deras vänskap var **speciell**.

fiel zu Boden, und der Angreifer begann wegzulaufen. Fika erwachte schließlich aus ihrer **Trance** und rannte hinüber, um dem Mann zu helfen, der niedergestochen worden war. Sie rief den Notruf und tat dann alles, was sie konnte, um ihn bei Bewusstsein zu halten, bis Hilfe eintraf. Er **blutete** stark, aber er schaffte es, ihr zu sagen, dass sein Name Anders war, bevor er das Bewusstsein verlor. Fika blieb bei ihm, bis der **Krankenwagen eintraf**, und betete, dass es ihm gut gehen würde. Anders überlebte den Angriff, aber es war eine knappe Sache. Er verbrachte Wochen im Krankenhaus, um sich von seinen Verletzungen zu erholen, aber dank Fikas schnellem Denken erholte er sich vollständig. Die **Polizei** konnte den Angreifer nie ausfindig machen, aber sie vermutete, dass es sich um jemanden aus Anders' Vergangenheit handelte, der zurückgekehrt war, um **sich zu rächen**.

Fika besuchte Anders oft während seiner **Genesung**, und die beiden wurden Freunde. Sie war froh, dass sie ihm in einer so schwierigen Zeit helfen konnte, und sie wusste, dass ihre Begegnung nicht nur zufällig war - sie war gewollt. Fika und Anders blieben auch nach seiner Entlassung aus dem Krankenhaus in Kontakt. Sie hatten beide eine neue **Wertschätzung** für das Leben und genossen es, Zeit miteinander zu verbringen. Fika hatte endlich jemanden gefunden, der sie verstand, und sie wusste, dass ihre Freundschaft etwas **Besonderes** war.

Frågor om förståelse

1. Vad fick Fika att känna sig orolig?

2. Vad såg hon på andra sidan floden?

3. Vem blev knivhuggen?

4. Vem sprang över för att hjälpa till?

5. Vad hette offret?

6. Hur överlevde offret?

7. Hur länge var offret på sjukhuset?

8. Vem misstänkte angriparen?

9. Vad frågade Anders Fika?

10. Vad var det för tillfälle som Fika och Anders gifte sig?

Fragen zum Verständnis

1. Was hat Fika beunruhigt?

2. Was hat sie auf der anderen Seite des Flusses gesehen?

3. Wer wurde erstochen?

4. Wer ist herbeigeeilt, um zu helfen?

5. Wie war der Name des Opfers?

6. Wie hat das Opfer überlebt?

7. Wie lange hat das Opfer im Krankenhaus verbracht?

8. Wer verdächtigte den Angreifer?

9. Was hat Anders Fika gefragt?

10. Was war der Anlass für die Hochzeit von Fika und Anders?

På stranden

Efter soluppgången är vågorna högre och sanden ovanför tidvattnet är vit. Jag går ner till stranden och **beundrar** havet och solen. Mina tår känner skalens rännor. Sanden är kall på mina tår. Jag ler och fortsätter att gå. Tidvattnet är högt, så jag måste vara försiktig så att jag inte dras in. Jag går längs vattenkanten och beundrar havet. Soluppgången är **vacker och** vågorna slår mot varandra. Jag känner mig så fridfull. Jag kommer till en plats där det finns en klipphäll. Jag sätter mig ner och tittar på vågorna. Vattnet är så blått och himlen är så **orange**. Det känns som om jag befinner mig i en dröm. Jag blundar och lyssnar bara på vågorna. Jag satt där länge tills jag hörde någon ropa mitt namn.

Jag öppnar ögonen och ser min mamma gå mot mig. Hon har en orolig blick i ansiktet. Jag ler och vinkar och hon **slappnar av**. "Jag undrade vart du tog vägen", säger hon. "Jag är glad att du njuter av stranden." Jag svarar: "Det gör jag." "Det är så vackert här." "Jag vet", säger hon. "Jag brukade komma hit hela tiden när jag var i din ålder." "Verkligen?" Jag frågar. "Ja", svarar hon. "Det är ett speciellt ställe." "Träffade du någonsin någon speciell person här?" Jag frågar. "Det har jag gjort", svarar hon med ett leende. "Din far." "Verkligen?"

Am Strand

Nach Sonnenaufgang sind die Wellen lauter und der Sand über der Flut ist weiß. Ich gehe hinunter zum Strand, **bewundere** das Meer und die Sonne. Meine Zehen spüren die Rillen der Muscheln. Der Sand ist kalt an meinen Zehen. Ich lächle und gehe weiter. Die Flut ist hoch, also muss ich aufpassen, dass ich nicht hineingezogen werde. Ich laufe am Ufer entlang und bewundere das Meer. Der Sonnenaufgang ist **wunderschön**, und die Wellen plätschern. Ich fühle mich so friedlich. Ich komme zu einer Stelle, an der ein Felsvorsprung steht. Ich setze mich hin und beobachte die Wellen. Das Wasser ist so blau und der Himmel ist so **orange**. Ich fühle mich wie in einem Traum. Ich schließe die Augen und lausche einfach nur den Wellen. Ich saß lange Zeit dort, bis ich hörte, wie jemand meinen Namen rief.

Ich öffne meine Augen und sehe meine Mutter auf mich zukommen. Sie hat einen besorgten Ausdruck im Gesicht. Ich lächle und winke, und sie **entspannt sich**. "Ich habe mich schon gefragt, wo du bist", sagt sie. "Ich freue mich, dass du den Strand genießt." Ich antworte: "Das tue ich." "Es ist so schön hier." "Ich weiß", sagt sie. "Als ich in deinem Alter war, bin ich ständig hierhergekommen." "Wirklich?" frage ich. "Ja",

Jag säger **förvånad**. "Ja", säger hon. "Vi brukade komma hit hela tiden tillsammans. Det var här vi blev förälskade. " Jag ler och **föreställer mig** mina föräldrar som förälskade sig på denna vackra strand. "Det är en speciell plats", upprepar hon. "Jag är glad att du kom hit i dag."

Vi sitter där ett tag till och **tittar på** vågorna och solnedgången. Sedan reser vi oss upp och går tillbaka till våra strandhanddukar. Jag lägger mig ner och tittar på stjärnorna. Jag känner mig så lycklig och nöjd. Vågorna är högre nu och sanden är kall. Solen håller på att gå ner och en sval bris blåser. Vågorna slår mot stranden och lukten av salt ligger i luften. Det är en perfekt kväll att vara på stranden. Jag går längs stranden, **lyssnar** på vågornas ljud och tittar på solnedgången. Jag ser en grupp människor som sitter i sanden och skrattar och skämtar. De ser ut att ha det jättebra. Jag går fram till dem och frågar om jag får göra dem sällskap. De säger ja och vi tillbringar resten av kvällen med att prata, skratta och titta på **solnedgången**. Det är en perfekt kväll. Gruppen och jag pratar tills solen går ner.

antwortet sie. "Es ist ein besonderer Ort.""Hast du hier jemals jemand Besonderen getroffen?" frage ich. "Ja", antwortet sie mit einem Lächeln. "Deinen Vater." "Wirklich?" sage ich **erstaunt**. "Ja", sagt sie. "Wir waren früher immer zusammen hier. Hier haben wir uns verliebt. "Ich lächle und **stelle mir** meine Eltern **vor, wie sie sich** an diesem schönen Strand verlieben. "Es ist ein besonderer Ort", wiederholt sie. "Ich bin froh, dass du heute hierher gekommen bist."

Wir sitzen noch eine Weile da und **beobachten** die Wellen und den Sonnenuntergang. Dann stehen wir auf und gehen zurück zu unseren Strandtüchern. Ich lege mich hin und schaue mir die Sterne an. Ich fühle mich so glücklich und zufrieden. Die Wellen sind jetzt lauter, und der Sand ist kalt. Die Sonne geht unter und eine kühle Brise weht. Die Wellen schlagen gegen das Ufer, und der Geruch von Salz liegt in der Luft. Es ist ein perfekter Abend, um am Strand zu sein. Ich spaziere am Ufer entlang, **lausche dem** Rauschen der Wellen und beobachte den Sonnenuntergang. Ich sehe eine Gruppe von Leuten, die lachend und scherzend im Sand sitzen. Sie sehen aus, als hätten sie eine tolle Zeit. Ich gehe zu ihnen hin und frage, ob ich mich zu ihnen setzen darf. Sie sagen ja, und wir verbringen den Rest des Abends damit, uns zu unterhalten, zu lachen und den **Sonnenuntergang** zu beobachten. Es ist ein perfekter Abend. Die Gruppe und ich unterhalten uns, bis die Sonne untergeht.

Frågor om förståelse

1. Vart går berättaren efter att hon vaknat?

2. Vad beundrar berättaren när hon går längs stranden?

3. Vad måste berättaren se upp för när hon går längs stranden?

4. Var sätter sig berättaren för att njuta av utsikten?

5. Hur länge sitter berättaren där?

6. Vem ser berättaren när hon öppnar ögonen igen?

7. Vad säger berättarens mamma?

8. Vad pratar berättaren och de människor hon träffar om?

Fragen zum Verständnis

1. Wohin geht die Erzählerin, nachdem sie aufgewacht ist?

2. Was bewundert die Erzählerin, während sie am Strand entlanggeht?

3. Worauf muss die Erzählerin aufpassen, wenn sie am Strand entlanggeht?

4. Wo setzt sich der Erzähler hin, um die Aussicht zu genießen?

5. Wie lange sitzt der Erzähler dort?

6. Wen sieht die Erzählerin, als sie ihre Augen wieder öffnet?

7. Was sagt die Mutter des Erzählers?

8. Worüber sprechen die Erzählerin und die Menschen, die sie trifft?

Camping vid sjön

Jag går mot sjön och **beundrar den** fridfulla scenen. Solen slår ner på den lilla sjön och får vattnet att se ut som en glasskiva. Den enda rörelsen är enstaka krusningar från en fisk som **bryter** ytan. Till och med fåglarna verkar ta en paus från värmen, endast ljudet av cikador fyller luften. **Plötsligt** bryts lugnet av ett högt plask. En stor **fisk** har hoppat upp ur vattnet och försöker fånga en trollslända. Fisken missar sitt mål och faller tillbaka i vattnet med ett plask. "Wow", tänker jag för mig själv, "det var en stor fisk!". Jag tittade mig omkring för att se om någon annan hade sett den, men det fanns ingen i närheten. Jag antar att jag får berätta för dem när jag kommer tillbaka till lägret.

Värmen är **tryckande och det är** svårt att andas. Luften är tjock och tung, som en filt som sveps runt dig. Den enda lättnaden finns i vattnet. Det är svalt och uppfriskande, som en kall dryck en varm dag. Jag tar ett djupt andetag och dyker ner i vattnet. Lättnaden är omedelbar när det svala vattnet omger mig. Jag simmar ner till botten och sedan tillbaka upp till ytan och känner hur vattnet kyler min kropp. Jag fortsätter att **simma** varv, och njuter av andningen från värmen. Efter ett tag stiger jag upp ur vattnet och lägger mig på gräset för att låta solen torka min kropp. Jag sluter ögonen och

Camping am See

Ich gehe auf den See zu und **bewundere** die Ruhe, die hier herrscht. Die Sonne brennt auf den kleinen See und lässt das Wasser wie eine Glasscheibe aussehen. Die einzige Bewegung ist das gelegentliche Plätschern eines Fisches, der die Oberfläche durchbricht. Selbst die Vögel scheinen sich von der Hitze zu erholen, denn nur das Zirpen der Zikaden erfüllt die Luft. **Plötzlich wird** die Ruhe durch ein lautes Plätschern unterbrochen. Ein großer **Fisch ist aus dem** Wasser gesprungen und versucht, eine Libelle zu fangen. Der Fisch verfehlt sein Ziel und fällt mit einem Platschen zurück ins Wasser. "Wow", denke ich mir, "das war ein großer Fisch!". Ich schaue mich um, um zu sehen, ob ihn noch jemand gesehen hat, aber es ist niemand da. Ich werde es ihnen wohl erzählen müssen, wenn ich zum Camp zurückkehre.

Die Hitze ist **drückend** und macht das Atmen schwer. Die Luft ist dick und schwer, wie eine Decke, die einen einhüllt. Die einzige Erleichterung bietet das Wasser. Es ist kühl und erfrischend, wie ein kaltes Getränk an einem heißen Tag. Ich atme tief ein und tauche ins Wasser ein. Die Erleichterung tritt sofort ein, als mich das kühle Wasser umgibt. Ich schwimme auf den Grund und dann wieder an die Oberfläche und spüre, wie das

somnar, ljudet av **cikadorna** vaggar mig in i en djup sömn. Jag låter solen bränna vattnet ur min hud. Jag känner hur min hud blir röd, men jag bryr mig inte. Jag är för varm för att bry mig. nästa sak jag vet är att solen går ner. Himlen är vackert orange med strimmor av rosa och lila. Hettan är borta och ersätts av en sval **bris**.

Jag reser mig upp och tar på mig kläderna igen, känner mig fräsch och föryngrad. Jag tar ett djupt **andetag** av den svala luften och ler. Det känns bra att vara vid liv. Jag går tillbaka till lägerplatsen och beundrar hur färgerna dansar på himlen. Jag ser lägerelden brinna i fjärran och känner lukten av rök i luften. Jag ler och **ökar** tempot. Jag är redo att slappna av och njuta av resten av kvällen. Jag går in på lägerplatsen och ser att alla är samlade runt elden. De **skrattar** och skämtar, och jag kan se elden spegla sig i deras ögon. Jag ler och sätter mig bredvid mina vänner. Det är skönt att vara tillbaka.

Wasser meinen Körper kühlt. Ich **schwimme** weiter meine Runden und genieße die Abkühlung von der Hitze. Nach einer Weile steige ich aus dem Wasser und lege mich ins Gras, damit die Sonne meinen Körper trocknen kann. Ich schließe die Augen und schlafe ein. Das **Zirpen der Zikaden** wiegt mich in einen tiefen Schlaf. Ich lasse die Sonne das Wasser aus meiner Haut brennen. Ich spüre, wie meine Haut rot wird, aber es ist mir egal. Mir ist zu heiß, als dass es mir etwas ausmachen würde, und schon geht die Sonne unter. Der Himmel färbt sich orange mit rosa und violetten Reflexen. Die Hitze ist verschwunden und wird durch eine kühle **Brise** ersetzt.

Ich stehe auf und ziehe mich wieder an, fühle mich erfrischt und verjüngt. Ich **atme** tief die kühle Luft ein und lächle. Es ist ein gutes Gefühl, lebendig zu sein. Ich laufe zurück zum Campingplatz und bewundere, wie die Farben am Himmel tanzen. In der Ferne sehe ich das Lagerfeuer brennen und kann den Rauch in der Luft riechen. Ich lächle und **beschleunige** mein Tempo. Ich bin bereit, mich zu entspannen und den Rest des Abends zu genießen. Ich betrete den Lagerplatz und sehe, dass alle um das Feuer versammelt sind. Sie **lachen** und scherzen, und ich kann sehen, wie sich das Feuer in ihren Augen spiegelt. Ich lächle und setze mich neben meine Freunde. Es ist schön, wieder hier zu sein.

Frågor om förståelse

1. Vart är gående på väg?

2. Vilket väder är det?

3. Hur ser vattnet ut?

4. Hur reagerar gående på värmen?

5. Vad gör fisken?

6. Varför är vandraren ensam?

7. Hur känns vattnet?

8. Hur känner sig gångaren efter simningen?

9. Vilken tid på dygnet är det när den rullatorn vaknar?

10. Vart tar vandraren vägen när han lämnar lägret?

Fragen zum Verständnis

1. Wohin geht der Wanderer?

2. Was für ein Wetter ist es?

3. Wie sieht das Wasser aus?

4. Wie reagiert der Wanderer auf die Hitze?

5. Was macht der Fisch?

6. Warum ist der Wanderer allein?

7. Wie fühlt sich das Wasser an?

8. Wie fühlt sich der Wanderer nach dem Schwimmen?

9. Zu welcher Tageszeit wacht der Wanderer auf?

10. Wohin geht der Wanderer, wenn er das Lager verlässt?

Huset

Jag flyttade in i mitt nya hus förra veckan, och jag är så **glad**! Det är så mycket större än mitt gamla och har en stor bakgård. Jag kan inte vänta på att få bjuda in vänner till grillkvällar och fester. Min favoritdel är mitt nya sovrum. Det är så stort och ljust, och jag har massor av utrymme att ställa alla mina saker. Jag är verkligen nöjd med mitt nya hus och jag tror att jag kommer att bli väldigt lycklig här. Jag bestämde mig för att utforska huset lite mer. Jag gick upp till andra våningen och började ta mig till köket när jag såg en stor svart spindel på väggen! Jag skrek och sprang ner för trappan. Jag var så **rädd**! Men efter några minuter lugnade jag mig och bestämde mig för att gå upp igen. Jag tog mig sakta fram till köket och såg att spindeln var borta. Jag var så lättad! Jag gick ner igen och bestämde mig för att gå ut och utforska **bakgården**. Den var så stor! Jag kunde inte tro det. Jag såg en gungställning i hörnet och en rutschkana. Jag såg också ett basketnät och en **studsmatta**. Jag var så uppspelt!

Jag kan inte vänta på att få använda alla dessa nya saker. **Grannarna** kom över och presenterade sig. De verkade riktigt trevliga och vi pratade en stund. De bjöd in mig till deras grillfest nästa helg, och jag sa att

Das Haus

Letzte Woche bin ich in mein neues Haus eingezogen, und ich bin so **aufgeregt**! Es ist viel größer als mein altes, und es hat einen großen Garten. Ich kann es kaum erwarten, Freunde zum Grillen und für Partys einzuladen. Mein Lieblingsteil ist mein neues Schlafzimmer. Es ist so groß und hell, und ich habe jede Menge Platz, um all meine Sachen unterzubringen. Ich bin wirklich glücklich mit meinem neuen Haus und denke, dass ich hier sehr glücklich sein werde. Ich beschloss, das Haus noch ein bisschen zu erkunden. Ich ging nach oben in den zweiten Stock und machte mich auf den Weg in die Küche, als ich eine große schwarze Spinne an der Wand sah! Ich schrie auf und rannte die Treppe hinunter. Ich war so **erschrocken**! Aber nach ein paar Minuten beruhigte ich mich und beschloss, wieder nach oben zu gehen. Langsam machte ich mich auf den Weg in die Küche und sah, dass die Spinne weg war. Ich war so erleichtert! Ich ging wieder nach unten und beschloss, nach draußen zu gehen, um den **Garten zu** erkunden. Sie war so groß! Ich konnte es nicht glauben. Ich sah eine Schaukel in der Ecke und eine Rutsche. Ich sah auch ein Basketballnetz und ein **Trampolin**. Ich war so aufgeregt!

jag gärna vill komma. Jag har haft en fantastisk första vecka i mitt nya hus, och jag är förväntansfull inför alla nya äventyr som ligger framför mig. I dag ska jag gå på upptäcktsfärd på bakgården igen och se vad jag kan hitta mer. Vem vet, kanske hittar jag till och med en **skatt**. Jag kan inte vänta på att se vad nästa vecka kommer att föra med sig! Nästa vecka gick jag på upptäcktsfärd i trädgården igen och hittade en **hemlig** trädgård. Den var så vacker! Det fanns blommor överallt och en liten damm med fiskar i. Jag såg också en gungställning som jag inte hade sett förut. Jag blev så glad över att hitta den här hemliga trädgården och jag kan inte vänta på att utforska den mer. Den var så **vacker**!

Ich kann es kaum erwarten, all diese neuen Sachen zu benutzen. Die **Nachbarn** kamen vorbei und stellten sich vor. Sie schienen wirklich nett zu sein, und wir unterhielten uns eine Weile. Sie luden mich zu ihrem Grillfest am nächsten Wochenende ein, und ich sagte, dass ich gerne kommen würde. Ich hatte eine tolle erste Woche in meinem neuen Haus und freue mich auf all die neuen Abenteuer, die vor mir liegen. Heute werde ich wieder im Garten auf Entdeckungstour gehen und sehen, was ich noch alles finden kann. Wer weiß, vielleicht finde ich ja sogar einen **Schatz**. Ich kann es kaum erwarten, zu sehen, was die nächste Woche bringt! In der nächsten Woche bin ich wieder im Garten auf Entdeckungsreise gegangen und habe einen **geheimen** Garten gefunden. Er war so schön! Überall waren Blumen und ein kleiner Teich mit Fischen drin. Ich habe auch eine Schaukel gesehen, die ich vorher noch nie gesehen hatte. Ich war so aufgeregt, diesen geheimen Garten zu finden, und ich kann es kaum erwarten, ihn weiter zu erkunden. Er war so **schön**!

Frågor om förståelse

1. Var bor personen?

2. Hur trivs personen i det nya huset?

3. Vad är personens favoritdel i det nya huset?

4. Vad hittade personen i trädgården?

5. Vilka är grannarna?

6. Hur kändes de första dagarna i det nya huset?

7. Vad är personens favoritdel i det nya rummet?

8. Vad planerar personen att göra i morgon?

9. Vad var det bästa med personens första vecka i det nya huset?

Fragen zum Verständnis

1. Wo wohnt die Person?

2. Wie gefällt es der Person im neuen Haus?

3. Was gefällt der Person am besten an ihrem neuen Haus?

4. Was hat die Person im Garten gefunden?

5. Wer sind die Nachbarn?

6. Wie hat sich die Person in den ersten Tagen in der neuen Wohnung gefühlt?

7. Was gefällt der Person am besten an ihrem neuen Zimmer?

8. Was plant die Person morgen zu tun?

9. Was war das Beste an der ersten Woche im neuen Haus?

På tåget

Jag sprang till tågstationen, men det var för sent. Tåget hade redan gått utan mig. Jag kände mig så **arg** och **besviken** på mig själv. Jag hade planerat att ta tåget för att besöka mina morföräldrar som bor på landet, men nu skulle jag behöva vänta en hel timme på nästa tåg. Jag bestämde mig för att gå runt i staden en stund i stället och försökte glömma min missade möjlighet. Medan jag gick började jag **dagdrömma** om alla de platser som **tågen** kan ta en till. Plötsligt var jag inte längre så upprörd. Jag går tillbaka in på stationen och kan inte låta bli att lägga märke till det stora röda, vita och blå lokomotivet som tuffar fram mot mig. Det är inte förrän jag ser **konduktören** vinka till mig från fönstret som jag förstår att det här tåget är till mig. Jag går ombord på tåget och hittar min plats och sätter mig ner för vad som lovar att bli en lång resa.

När vi lämnar stationen kan jag inte låta bli att undra vart tåget kommer att ta mig. Genom gröna **fält** och över blå floder, förbi berg och dalar, det går inte att säga vart det här gamla tåget kommer att ta vägen. När mörkret börjar falla glider jag in i en **fridfull** sömn, vaggad av den **rytmiska** rörelsen av vagnarna på spåren nedanför. När morgonen kommer igen öppnar

Im Zug

Ich rannte zum Bahnhof, aber ich war zu spät. Der Zug war bereits ohne mich abgefahren. Ich war so **wütend** und **enttäuscht** von mir selbst. Ich hatte geplant, mit dem Zug meine Großeltern zu besuchen, die auf dem Land leben, aber jetzt würde ich eine ganze Stunde auf den nächsten Zug warten müssen. Ich beschloss, stattdessen eine Weile durch die Stadt zu laufen und versuchte, die verpasste Gelegenheit zu vergessen. Beim Spazierengehen begann ich von all den Orten zu **träumen, an die man mit dem Zug** gelangen kann. Plötzlich war ich nicht mehr so verärgert. Ich gehe zurück in den Bahnhof und kann nicht umhin, die große rot-weiß-blaue Lokomotive zu bemerken, die auf mich zu tuckert. Erst als ich den **Schaffner** sehe, der mir aus dem Fenster zuwinkt, wird mir klar, dass dieser Zug für mich bestimmt ist. Ich steige ein, suche mir einen Sitzplatz und mache mich auf eine lange Reise gefasst.

Als wir aus dem Bahnhof fahren, frage ich mich, wohin dieser Zug mich wohl bringen wird. Durch grüne **Felder** und über blaue Flüsse, vorbei an Bergen und Tälern - man weiß nie, wohin dieser alte Zug fahren wird. Als die Nacht hereinbricht, falle ich in einen **friedlichen** Schlaf, der von der **rhythmischen** Bewegung der

jag ögonen och upptäcker att vi har anlänt till en liten stad någonstans mitt ute i ingenstans. Solen tittar precis över horisonten när lokalbefolkningen börjar mingla runt på Main Street; det ser ut som vilken dag som helst här förutom en sak - det finns en stor skylt uppsatt nära stadshuset där det står "Välkommen ombord!". Det verkar som om den här lilla staden har väntat på oss, trots att vi bara är ett vanligt passagerartåg som passerar på väg någon annanstans. När vi återigen lämnar staden bakom oss och tuffar vidare mot vem vet vart vi ska, ler jag åt alla vänliga ansikten som vinkar adjö från de små husen som ligger inbäddade bland **jordbruksmarken - det** är verkligen fantastiskt hur något så till synes ordinärt kan ge så mycket glädje bara genom att passera. Och sedan finns det naturligtvis **barnen**.

Jag lutar mig ut genom fönstret på mitt lokomotiv. De får mig alltid att känna mig så lycklig med sina lysande ögon och stora leenden. Jag vinkade energiskt tillbaka till dem innan jag återvände till min **hytt** och satte mig ner. Det har redan varit en lång dag, men den är inte över än; det är fortfarande några timmar kvar tills vi når vår **slutdestination**.

Waggons auf den Gleisen unter mir eingelullt wird. Als ich am nächsten Morgen die Augen öffne, sehe ich, dass wir in einer kleinen Stadt irgendwo im Nirgendwo angekommen sind. Die Sonne lugt gerade über den Horizont, als die Einheimischen beginnen, sich auf der Hauptstraße zu bewegen. Es sieht aus wie jeder andere Tag hier, bis auf eine Ausnahme: In der Nähe des Rathauses steht ein großes Schild mit der Aufschrift "Willkommen an Bord! Es scheint, als hätte diese kleine Stadt uns erwartet, obwohl wir nur ein gewöhnlicher Personenzug sind, der auf dem Weg zu einem anderen Ziel durchfährt. Als wir die Stadt wieder hinter uns lassen und in Richtung wer weiß wohin tuckern, lächle ich über all die freundlichen Gesichter, die uns aus den kleinen Häusern zwischen den **Feldern** zuwinken - **es ist** wirklich erstaunlich, wie etwas so scheinbar Alltägliches so viel Freude bereiten kann, wenn man einfach durchfährt. Und dann sind da natürlich noch die **Kinder**.

Ich lehne mich aus dem Fenster meiner Lokomotive. Mit ihren leuchtenden Augen und ihrem breiten Grinsen machen sie mich immer so glücklich. Ich winke ihnen energisch zu, bevor ich in mein **Abteil** zurückkehre und mich setze. Es war schon ein langer Tag, aber er ist noch nicht zu Ende; es sind noch ein paar Stunden, bis wir unser endgültiges **Ziel** erreichen.

Frågor om förståelse

1. Vart är tåget på väg?

2. Vem reser med tåget?

3. När avgår tåget?

4. Hur kommer huvudpersonen ombord på tåget?

5. Varifrån kommer tåget?

6. Vart ska tåget åka nästa gång?

7. När anlände passagerarna?

8. Hur känner sig huvudpersonen när han missar tåget?

9. Hur reagerar lokföraren när han ser huvudpersonen?

Fragen zum Verständnis

1. Wohin fährt der Zug?

2. Wer reist mit dem Zug?

3. Wann fährt der Zug ab?

4. Wie kommt der Protagonist in den Zug?

5. Woher kommt der Zug?

6. Wohin fährt der Zug als nächstes?

7. Wann sind die Passagiere angekommen?

8. Wie fühlt sich der Protagonist, als er den Zug verpasst?

9. Wie reagiert der Zugführer, als er den Protagonisten sieht?

Matlagning av middag

Klockan är 17.00 och jag går hem från jobbet. Jag ser **fram emot en** lugn kväll hemma med min partner. Vi ska laga middag tillsammans och sedan bara slappna av resten av kvällen. Det känns skönt att veta att jag inte har några planer eller skyldigheter den här **kvällen**. Jag kommer hem och min partner står redan i köket och börjar förbereda vår middag. Det luktar **fantastiskt** här inne! Vi pratar medan vi lagar mat, tar del av varandras dagar och delar med oss av små historier från våra arbetsliv. Köket är mitt favoritrum i vår lägenhet. Jag älskar att laga mat, och jag älskar särskilt att laga mat tillsammans med min partner. Vi har alltid så roligt här inne, skrattar och skämtar medan vi lagar en storm. Dessutom blir maten alltid **otrolig** när vi arbetar **tillsammans**.

Ikväll ska vi laga ett av mina absoluta favoritrecept: **kyckling** parmesan. Min partner börjar med att panera kycklingen medan jag får såsen att sjuda på **spisen**. Vi arbetar tillsammans som en väloljad maskin och snart är middagen klar att serveras. Vi sätter oss vid vårt lilla köksbord med **tallrikar** fulla med kyckling parmesan, pasta och sallad. Vi klinkar i glasen och tar

Abendessen kochen

Es ist jetzt 17 Uhr und ich gehe von der Arbeit nach Hause. Ich freue **mich** auf einen ruhigen Abend zu Hause mit meinem Partner. Wir werden gemeinsam kochen und uns dann den Rest des Abends entspannen. Es ist ein gutes Gefühl, zu wissen, dass ich heute **Abend** keine Pläne oder Verpflichtungen habe. Als ich zu Hause ankomme, steht mein Partner bereits in der Küche und beginnt mit der Zubereitung unseres Abendessens. Es riecht **fantastisch** hier drin! Während wir kochen, plaudern wir über den Tag des anderen und erzählen uns kleine Geschichten aus unserem Arbeitsleben. Die Küche ist mein Lieblingsraum in unserer Wohnung. Ich liebe es zu kochen, und ganz besonders liebe ich es, mit meinem Partner zu kochen. Wir haben immer so viel Spaß hier drin, lachen und scherzen, während wir kochen. Außerdem ist das Essen immer **unglaublich**, wenn wir **zusammen** arbeiten.

Heute Abend machen wir eines meiner absoluten Lieblingsrezepte: **Hähnchen** Parmesan. Mein Partner beginnt mit dem Panieren des Hähnchens, während ich die Soße auf dem **Herd** zum Kochen bringe. Wir

vår första tugga - och den är **himmelsk**! Kycklingen är krispig på utsidan men saftig på insidan, såsen är smakrik och perfekt, pastan är kokt al dente... allt smakar helt perfekt ikväll. Vi vet båda att det här var en av de kvällar där allting bara kom samman perfekt när vi **njuter av** varenda tugga av vår utsökta måltid. Den smakade ännu bättre än den luktade - vilket var jäkligt bra! Vi avslutar vår måltid relativt snabbt eftersom ingen av oss är särskilt hungrig idag, men vi tar oss tid att njuta av ytterligare några **glas** vin medan vi pratar lätt om det ena och det andra ämnet. Efter middagen städar vi snabbt tillsammans och flyttar sedan in i vardagsrummet där vi tillbringar lite tid med att **mysa** i soffan medan vi tittar på TV.

arbeiten zusammen wie eine gut geölte Maschine, und schon bald ist das Abendessen servierfertig. Wir setzen uns an unseren kleinen Küchentisch mit **Tellern voller** Hähnchen Parmesan, Nudeln und Salat. Wir stoßen mit den Gläsern an und nehmen unseren ersten Bissen - und der ist **himmlisch**! Das Hähnchen ist außen knusprig, aber innen saftig; die Soße ist würzig und perfekt; die Nudeln sind al dente gekocht... alles schmeckt heute Abend absolut perfekt. Wir wissen beide, dass dies einer dieser Abende war, an denen alles perfekt zusammenpasst, und wir **genießen** jeden einzelnen Bissen unseres köstlichen Essens. Es hat sogar noch besser geschmeckt, als es gerochen hat - und das war verdammt gut! Wir sind relativ schnell fertig mit dem Essen, da keiner von uns heute besonders hungrig ist, aber wir lassen uns Zeit und genießen noch ein paar **Gläser** Wein, während wir uns über dieses und jenes Thema unterhalten. Nach dem Essen räumen wir schnell zusammen auf und gehen dann ins Wohnzimmer, wo wir noch eine Weile auf der Couch **kuscheln** und fernsehen.

Frågor om förståelse

1. Varifrån kommer berättaren?

2. Vad gör berättaren efter jobbet?

3. Vad äter berättaren till middag?

4. Varför gillar berättaren köket?

5. Vilken typ av maträtt lagar paret?

6. Hur känner sig berättaren i slutet av kvällen?

7. Vad är parets favoritsak att göra?

8. Vad gör paret när de blir trötta?

9. Var sover de?

10. Varför vill berättaren stanna hemma?

Fragen zum Verständnis

1. Woher kommt der Erzähler?

2. Was macht der Erzähler nach der Arbeit?

3. Was isst der Erzähler zum Abendessen?

4. Warum mag der Erzähler die Küche?

5. Was für ein Gericht kocht das Paar?

6. Wie fühlt sich der Erzähler am Ende des Abends?

7. Was ist die Lieblingsbeschäftigung des Paares?

8. Was tun die beiden, wenn sie müde werden?

9. Wo schlafen sie?

10. Warum bleibt der Erzähler gerne zu Hause?

Att gå hem

Det var en **lugn** natt när jag gick hem från jobbet. När jag gick kunde jag inte låta bli att le åt minnena. Det kändes bra att vara tillbaka i mitt gamla kvarter. Jag vinkade till några personer som jag kände och de vinkade tillbaka. Det var skönt att vara hemma. Jag gick förbi min gamla skola och **mindes** alla goda stunder som jag hade haft med mina vänner. Vi brukade alltid gå hem tillsammans och prata om vår dag. **Ibland** stannade vi och köpte glass eller gick till parken. Det var de bästa tiderna. Jag saknar den tiden. Men nu har jag min egen familj och är nöjd med mitt liv. Jag är glad att jag kan se tillbaka på dessa minnen och le. De är en del av mitt liv som jag alltid kommer att uppskatta. Det var den bästa tiden. Jag saknar den tiden. Men nu har jag min egen familj och är lycklig med mitt liv. Jag är glad att jag kan se tillbaka på dessa **minnen** och le. De är en del av mitt liv som jag alltid kommer att uppskatta.

Jag fortsätter att gå och tänker på de fina stunderna med mina vänner. Jag vet att jag snart kommer att träffa dem igen. Jag går mot mitt hem och bestämmer mig för att gå genom en park i närheten. Solen håller på att gå ner och himlen får en **vacker** orange färg. Parken är tom, förutom några fåglar som kvittrar i träden. Jag tar ett djupt **andetag och** ler. När jag går genom parken

Nach Hause gehen

Es war eine **friedliche** Nacht, als ich von der Arbeit nach Hause ging. Als ich ging, konnte ich nicht anders, als über die Erinnerungen zu lächeln. Es fühlte sich gut an, wieder in meiner alten Nachbarschaft zu sein. Ich winkte ein paar Leuten zu, die ich kannte, und sie winkten zurück. Es war schön, wieder zu Hause zu sein. Ich ging an meiner alten Schule vorbei und **erinnerte mich an** all die schönen Zeiten, die ich mit meinen Freunden hatte. Wir gingen immer zusammen nach Hause und sprachen über unseren Tag. **Manchmal hielten** wir an, um ein Eis zu essen oder in den Park zu gehen. Das waren die besten Zeiten. Ich vermisse diese Zeiten. Aber jetzt habe ich meine eigene Familie und bin glücklich mit meinem Leben. Ich bin froh, dass ich auf diese Erinnerungen zurückblicken und lächeln kann. Sie sind ein Teil meines Lebens, den ich immer in Ehren halten werde. Das waren die besten Zeiten. Ich vermisse diese Zeiten. Aber jetzt habe ich meine eigene Familie und bin glücklich mit meinem Leben. Ich bin froh, dass ich auf diese **Erinnerungen** zurückblicken und lächeln kann. Sie sind ein Teil meines Lebens, den ich immer in Ehren halten werde.

Ich gehe weiter und denke an die schöne Zeit, die ich mit meinen Freunden hatte. Ich weiß, dass ich sie bald

ser jag ett stjärnskott röra sig över himlen. Jag önskar mig något på den stjärnan och fortsätter att gå. Jag tänker på min dag på jobbet och hur **fridfull** den var. Jag ler för mig själv och tänker på hur lycklig jag är som har ett så bra jobb. Jag går hem och **känner den** svala nattluften på min hud. Jag känner mig så levande och lycklig, när jag bara njuter av den enkla handlingen att gå hem en lugn natt. Jag kände mig så bra att jag började **vissla**. Jag gick förbi några människor på gatan, men alla skötte sig själva.

Jag svängde runt hörnet på min gata och såg grannens katt, Mr Whiskers, sitta på min veranda. Jag sa hej till honom och han mejade tillbaka. Jag **låste upp** min dörr och gick in. Jag var så glad över att vara hemma. Jag tog av mig skorna och gjorde mig redo för sängen. Jag gick till sängs den kvällen och kände mig lycklig och tacksam, mitt hjärta fullt av kärlek. Jag sov gott hela natten och oroade mig inte för någonting. Jag vaknade upp från en vilsam sömn och **möttes** av solen som sken in genom mitt fönster. Jag gick upp ur sängen och sträckte mig, tog ett djupt andetag och kände hur den svala luften fyllde mina lungor.

wiedersehen werde. Ich mache mich auf den Weg nach Hause und beschließe, durch einen nahe gelegenen Park zu gehen. Die Sonne geht gerade unter und der Himmel färbt sich in ein **schönes** Orange. Der Park ist leer, bis auf ein paar Vögel, die in den Bäumen zwitschern. Ich **atme** tief ein und lächle. Als ich durch den Park gehe, sehe ich eine Sternschnuppe über den Himmel huschen. Ich wünsche mir etwas von dieser Sternschnuppe und laufe weiter. Ich denke an meinen Arbeitstag und daran, wie **friedlich** er war. Ich lächle vor mich hin und denke daran, wie viel Glück ich habe, einen so tollen Job zu haben. Ich gehe nach Hause und **spüre** die kühle Nachtluft auf meiner Haut. Ich fühle mich so lebendig und glücklich, weil ich es einfach genieße, in einer friedlichen Nacht nach Hause zu gehen. Ich fühlte mich so gut, dass ich anfing zu **pfeifen**. Ich ging an ein paar Leuten auf der Straße vorbei, aber sie kümmerten sich alle um ihre eigenen Angelegenheiten.

Ich bog um die Ecke in meine Straße und sah die Katze meines Nachbarn, Mr. Whiskers, auf meiner Veranda sitzen. Ich grüßte ihn, und er miaute zurück. Ich **schloss** meine Tür auf und ging hinein. Ich war so froh, zu Hause zu sein. Ich zog meine Schuhe aus und machte mich bettfertig. Ich ging an diesem Abend mit einem Gefühl der Freude und Dankbarkeit ins Bett, mein Herz war voller Liebe. Ich schlief die ganze Nacht durch und machte mir keine Sorgen.

Frågor om förståelse

1. Vad gjorde huvudpersonen när berättelsen började?

2. Vad tänkte huvudpersonen på när han gick hem?

3. Vad brukade huvudpersonen göra med sina vänner efter skolan?

4. Vad saknar huvudpersonen från den tiden?

5. Vad tycker huvudpersonen om sitt nuvarande liv?

6. Vad gör huvudpersonen när de ser ett stjärnfall?

7. Hur känner sig huvudpersonen när de går hem?

8. Vad gör huvudpersonen när de kommer hem?

9. Hur känner sig huvudpersonen när han vaknar nästa morgon?

Fragen zum Verständnis

1. Was machte der Protagonist, als die Geschichte begann?

2. Woran hat der Protagonist auf dem Heimweg gedacht?

3. Was hat der Protagonist nach der Schule mit seinen Freunden gemacht?

4. Was vermisst der Protagonist aus dieser Zeit?

5. Was denkt der Protagonist über sein derzeitiges Leben?

6. Was tut der Protagonist, wenn er eine Sternschnuppe sieht?

7. Wie fühlt sich der Protagonist, wenn er nach Hause geht?

8. Was macht der Protagonist, wenn er nach Hause kommt?

9. Wie fühlt sich der Protagonist, wenn er am nächsten Morgen aufwacht?

Slottet

Familjen hade alltid velat besöka ett gammalt slott i **Tyskland,** och till slut gjorde de resan. De blev inte **besvikna.** Slottet var vackert och de njöt av att utforska dess många rum och korridorer. Det första som slog dem var lukten. De hittade **mögel,** fukt och något annat som de inte riktigt kunde sätta fingret på. Det andra var ljudet. Stenväggar är tjocka, men de dämpar inte ljudet helt och hållet. De hörde varje fotsteg, varje ord som sades med normal röst och ibland droppade vatten **någonstans** i fjärran. När deras ögon anpassade sig till det svaga ljuset såg de massiva stenväggar som tornade upp sig runt omkring dem och från dem hängde gobelänger i **trasiga** fragment. De stod i en enorm hall med högt tak som stöddes av snidade pelare. De älskade också utsikten från tornen, och barnen hade en fantastisk tid att springa runt på området. **Solen** hade börjat gå ner när de var klara med att utforska slottet, och de ångrade att de inte hade tagit med sig en **ficklampa.** De bestämde sig för att ta sig tillbaka till ingången, men fann sig snart vilse. De vandrade runt i vad som kändes som timmar, tills de till slut kom till en dörr som ledde ut. De fortsatte tills de **nådde** slutet av hallen och kom till en imponerande uppsättning dubbeldörrar. De försökte hur mycket som helst, men dörrarna rörde sig inte. De skramlade **betänkligt** men

Das Schloss

Die Familie wollte schon immer ein altes Schloss in **Deutschland** besichtigen, und schließlich machten sie sich auf den Weg. Sie wurden nicht **enttäuscht**. Das Schloss war wunderschön, und sie genossen es, die vielen Räume und Gänge zu erkunden. Das erste, was ihnen auffiel, war der Geruch. Sie fanden **Schimmel**, Feuchtigkeit und etwas anderes, das sie nicht genau zuordnen konnten. Das zweite war der Klang. Steinmauern sind zwar dick, aber sie dämpfen den Schall nicht vollständig. Sie hörten jeden Schritt, jedes Wort, das mit normaler Stimme gesprochen wurde, und das gelegentliche Tröpfeln von Wasser **irgendwo** in der Ferne. Als sich ihre Augen an das schwache Licht gewöhnt hatten, sahen sie um sich herum massive Steinwände, an denen Wandteppiche in **Fetzen** hingen. Sie befanden sich in einer riesigen Halle mit einer hohen Decke, die von geschnitzten Säulen getragen wurde. Auch die Aussicht von den Türmen gefiel ihnen, und die Kinder hatten viel Spaß beim Herumtollen auf dem Gelände. Als sie mit der Erkundung des Schlosses fertig waren, ging die **Sonne** bereits unter, und sie bedauerten, dass sie keine **Taschenlampe** mitgenommen hatten. Sie beschlossen, sich auf den Rückweg zum Eingang zu machen, aber sie hatten sich bald verlaufen. Sie irrten gefühlte Stunden umher,

rörde sig inte en tum. Det såg ut som om den som varit här tidigare måste ha gått igenom här och låst dem inifrån. Så småningom hittar de en väg ut. Lättnad sköljde över dem när de klev ut i den svala nattluften.

Solen hade börjat gå ner och de **ångrade** att de inte hade tagit med sig en ficklampa. De bestämde sig för att ta sig tillbaka till ingången, men fann sig snart vilse. De vandrade runt i vad som kändes som timmar, tills de till slut kom till en dörr som ledde **ut**. Lättnad sköljde över dem när de klev ut i den svala nattluften. Nästa kväll såg de till att ta med sig en ficklampa när de utforskade resten av slottet. De gick genom **gården** och ner till floden som rann bakom **slottets** murar. Medan de gick runt började de höra konstiga ljud. Det lät som om någon följde efter dem. De ökade tempot, men ljuden blev högre och närmare. Familjen sprang tillbaka till slottet så fort de kunde, och de var lättade över att se att figuren i den **mörka** kappan inte hade följt efter dem.

bis sie schließlich auf eine Tür stießen, die nach draußen führte. Sie gingen weiter, bis sie das Ende des Flurs **erreichten** und vor einer imposanten Doppeltür standen. So sehr sie sich auch bemühten, die Türen rührten sich nicht. Sie klapperten **bedrohlich**, aber sie bewegten sich keinen Zentimeter. Es sah so aus, als ob derjenige, der vorher hier war, hier durchgegangen sein musste und sie von innen verriegelt hatte. Schließlich fanden sie einen Weg nach draußen. Erleichterung überkam sie, als sie in die kühle Nachtluft hinaustraten.

Die Sonne begann unterzugehen, und sie **bedauerten,** dass sie keine Taschenlampe mitgenommen hatten. Sie beschlossen, sich auf den Weg zurück zum Eingang zu machen, aber sie hatten sich bald verlaufen. Sie irrten gefühlte Stunden umher, bis sie schließlich auf eine Tür stießen, die **nach draußen** führte. Erleichterung machte sich in ihnen breit, als sie in die kühle Nachtluft hinaustraten. Am nächsten Abend nahmen sie auf jeden Fall eine Taschenlampe mit, um den Rest des Schlosses zu erkunden. Sie gingen durch den **Innenhof** und hinunter zum Fluss, der hinter den Schlossmauern verlief. Als sie umhergingen, hörten sie seltsame Geräusche. Es hörte sich an, als würde sie jemand verfolgen. Sie beschleunigten ihren Schritt, aber die Geräusche wurden lauter und kamen näher. Die Familie rannte so schnell sie konnte zum Schloss zurück und war erleichtert, dass die Gestalt in dem **dunklen** Mantel ihnen nicht gefolgt war.

Frågor om förståelse

1. Vad gjorde familjen när de gick vilse i slottet?

2. Hur kände sig familjen när de fick reda på att det bara var en lokal man?

3. Vad gjorde mannen som gjorde att han blev arresterad?

4. Vilken var domen för mannen?

5. Vilket ljud hörde familjen när de gick?

6. Var befann sig figuren i den mörka kappan när familjen såg honom?

7. Vad gjorde familjen när de kom tillbaka till sitt rum?

8. När gick familjen på upptäcktsfärd i slottet igen?

9. Vad var det som familjen inte kunde sätta fingret på?

Fragen zum Verständnis

1. Was hat die Familie getan, als sie sich im Schloss verlaufen hat?

2. Wie hat sich die Familie gefühlt, als sie erfuhr, dass es sich nur um einen Einheimischen handelte?

3. Was hat der Mann getan, dass man ihn verhaftet hat?

4. Wie lautete das Urteil für den Mann?

5. Welches Geräusch hat die Familie gehört, während sie spazieren ging?

6. Wo war die Gestalt in dem dunklen Mantel, als die Familie sie sah?

7. Was hat die Familie getan, als sie in ihr Zimmer zurückkam?

8. Wann hat die Familie das Schloss wieder erkundet?

9. Was war das, was die Familie nicht ausmachen konnte?

Min trädgård

Min trädgård är min lyckliga plats. Jag går ut dit varje dag, regn eller solsken, och ägnar tid åt att sköta mina växter. Jag har lite av **allt - grönsaker**, frukt, blommor och örter. Jag har till och med några höns som hjälper till att hålla skadedjuren borta. Jag börjar mina dagar i trädgården med att hämta ägg från hönorna. Sedan kollar jag mina grönsaker och ser till att de får tillräckligt med vatten och sol. Jag ogräsrensar rabatterna och plockar bort eventuella insekter som **angriper** växterna. När **allt är klart** sitter jag tillbaka och njuter av naturens lugn och ro.

Jag har alltid älskat att tillbringa tid i min trädgård. Det är något med att vara omgiven av naturen och all den **skönhet som** den har att erbjuda. Jag tycker att det är en mycket fridfull och lugnande plats. Jag tillbringar ofta tid i min trädgård med att bara koppla av och njuta av landskapet. Jag tycker också om att arbeta i min trädgård och odla saker. Jag har en ganska stor trädgård och jag tycker om att odla en mängd **olika** saker i den. Jag odlar blommor, **grönsaker** och örter. Jag har också några fruktträd som producerar läckra äpplen, päron och plommon. Förutom att odla saker tycker jag också om att bara gå runt i min trädgård och **beundra** alla olika växter och djur som bor där. Jag har

Mein Garten

Mein Garten ist mein Lieblingsplatz. Ich gehe jeden Tag hinaus, egal ob es regnet oder scheint, und verbringe Zeit damit, meine Pflanzen zu pflegen. Ich habe von **allem ein** bisschen - **Gemüse**, Obst, Blumen, Kräuter. Ich habe sogar ein paar Hühner, die mir helfen, die Schädlinge in Schach zu halten. Ich beginne meine Tage im Garten, indem ich den Hühnern Eier abhole. Dann schaue ich nach meinem Gemüse und stelle sicher, dass es genug Wasser und Sonne bekommt. Ich jäte Unkraut auf den Beeten und entferne Ungeziefer, das die Pflanzen **angreifen** könnte. Wenn **alles erledigt** ist, lehne ich mich zurück und genieße den Frieden und die Ruhe der Natur.

Ich habe schon immer gerne Zeit in meinem Garten verbracht. Es hat etwas, von der Natur und all der **Schönheit**, die sie zu bieten hat, umgeben zu sein. Ich empfinde ihn als einen sehr friedlichen und beruhigenden Ort. Ich verbringe oft Zeit in meinem Garten, um mich zu entspannen und die Landschaft zu genießen. Ich arbeite auch gerne in meinem Garten und baue Dinge an. Ich habe einen ziemlich großen Garten, in dem ich gerne **verschiedene** Dinge anbaue. Ich baue Blumen, **Gemüse** und Kräuter an. Ich habe auch ein paar Obstbäume, die leckere Äpfel, Birnen

tillbringat många timmar under årens lopp med att göra min **trädgård** till en plats som inte bara är vacker utan också funktionell. Jag älskar att titta på fåglarna som fladdrar runt och lyssna på deras sång. Ibland tar jag till och med fram en bok och läser i trädgården medan jag är omgiven av all den skönhet som jag har skapat. **Trädgårdsarbete** är min passion och det ger mig så mycket glädje. Varje dag i min trädgård är en bra dag.

Jag älskar att laga mat och därför är det **viktigt** för mig att ha en välfylld örtträdgård. Timjan, basilika, oregano, rosmarin, salvia och lavendel är bara några av de örter som jag gillar att odla i min trädgård så att jag kan använda dem när jag lagar mat till mig själv eller till **gäster**. En annan sak som är viktig för mig när det gäller min trädgård är att se till att det finns gott om färg i hela trädgården. För att uppnå detta mål odlar jag en mängd olika blommor, bland annat **rosor**, liljor, prästkragar, tulpaner, impatiens, ringblommor osv. Förutom att ge färg med blommor gillar jag också att skapa intresse genom att använda olika **texturer i** hela trädgården.

und Pflaumen hervorbringen. Ich baue nicht nur Dinge an, sondern verbringe auch gerne Zeit damit, durch meinen Garten zu spazieren und all die verschiedenen Pflanzen und Tiere zu **bewundern**, die dort zu Hause sind. Im Laufe der Jahre habe ich viele Stunden damit verbracht, meinen **Garten** zu einem Ort zu machen, der nicht nur schön, sondern auch funktional ist. Ich liebe es, den Vögeln beim Herumfliegen zuzusehen und ihnen beim Singen zuzuhören. Manchmal nehme ich sogar ein Buch mit und lese im Garten, während ich von all der Schönheit umgeben bin, die ich geschaffen habe. **Gartenarbeit** ist meine Leidenschaft und bringt mir so viel Freude. Jeder Tag in meinem Garten ist ein guter Tag.

Eine meiner Lieblingsbeschäftigungen ist das Kochen, daher ist ein gut bestückter Kräutergarten für mich sehr **wichtig**. Thymian, Basilikum, Oregano, Rosmarin, Salbei und Lavendel sind nur einige der Kräuter, die ich gerne in meinem Garten anbaue, damit ich sie beim Kochen für mich oder für **Gäste** verwenden kann. Ein weiterer wichtiger Punkt in meinem Garten ist, dass er viel Farbe hat. Um dieses Ziel zu erreichen, baue ich eine Vielzahl von Blumen an, darunter **Rosen**, Lilien, Gänseblümchen, Tulpen, Impatiens, Ringelblumen, usw. Zusätzlich zu den Blumen, die für Farbe sorgen, verwende ich auch gerne verschiedene **Texturen** im Garten, um ihn interessanter zu gestalten.

Frågor om förståelse

1. Var ligger författarens trädgård?

2. Hur många höns har författaren?

3. Vad gör författaren i trädgården varje dag?

4. Varför tycker författaren om trädgården?

5. Vilka örter planterar författaren i trädgården?

6. Varför är det viktigt för författaren att det finns många färger i hans trädgård?

7. Hur skapar författaren variation i sin trädgård?

8. Hur känner sig författaren när han arbetar i sin trädgård?

9. Vad är det som gör att författaren känner sig uppslukad när han är i sin trädgård?

Fragen zum Verständnis

1. Wo befindet sich der Garten des Autors?

2. Wie viele Hühner hat der Autor?

3. Was macht der Autor jeden Tag im Garten?

4. Warum gefällt dem Autor der Garten?

5. Welche Kräuter pflanzt der Autor in seinem Garten an?

6. Warum ist es für den Autor wichtig, dass es in seinem Garten viele Farben gibt?

7. Wie bringt der Autor Abwechslung in seinen Garten?

8. Wie fühlt sich der Autor, wenn er in seinem Garten arbeitet?

9. Wodurch fühlt sich der Autor verbunden, wenn er in seinem Garten ist?

Att shoppa

Jag älskar att **shoppa** i köpcentret. Det är alltid så roligt att gå runt och titta på alla olika butiker. Det finns något för alla i köpcentret, och det är alltid ett bra ställe att hitta erbjudanden på kläder, skor och accessoarer. Jag **brukar** börja min shoppingtur med att gå genom köpcentrets **huvudentré.** Därifrån går jag först till mina favoritbutiker. Efter att ha tittat igenom dessa butiker går jag runt och ser om det pågår någon rea på andra ställen. Det slutar oftast med att jag tillbringar ett par timmar i köpcentret innan jag slutligen gör mina inköp. Jag gillar alltid att ta god tid på mig när jag shoppar **eftersom** jag vill vara säker på att jag får **exakt** det jag vill ha. Dessutom är det bara roligare på det sättet!

Jag tycker alltid att det är så **fascinerande** att titta på folk när jag är i köpcentret. Man kan verkligen få reda på mycket om en person genom hur de handlar. Vissa människor är mycket metodiska och tar god tid på sig, medan andra bara verkar ta **allt** de kan och gå till kassan så fort som möjligt. Det finns också de shoppare som verkar mer intresserade av att prata i mobiltelefon eller sms:a än att titta på varorna! Oavsett vilken typ av shoppare du är verkar dock alla tycka om att fönstershoppa - även om du faktiskt inte köper något. Det är bara något med att titta på alla vackra saker i

Einkaufen gehen

Ich gehe gerne im Einkaufszentrum einkaufen. Es macht immer so viel Spaß, herumzulaufen und sich all die verschiedenen Geschäfte anzuschauen. Im Einkaufszentrum ist für jeden etwas dabei, und es ist immer ein guter Ort, um Angebote für Kleidung, Schuhe und Accessoires zu finden. **Normalerweise** beginne ich meinen Einkaufsbummel, indem ich durch den **Haupteingang** des Einkaufszentrums gehe. Von dort aus gehe ich zuerst zu meinen Lieblingsgeschäften. Nachdem ich in diesen Geschäften gestöbert habe, laufe ich herum und schaue, ob es in anderen Geschäften Sonderangebote gibt. Normalerweise verbringe ich ein paar Stunden im Einkaufszentrum, bevor ich meine Einkäufe erledige. Ich nehme mir beim Einkaufen immer gerne Zeit**, weil** ich sichergehen will, dass ich **genau** das bekomme, was ich will. Außerdem macht es auf diese Weise einfach mehr Spaß!

Ich finde es immer **faszinierend**, die Leute zu beobachten, wenn ich im Einkaufszentrum bin. An der Art und Weise, wie sie einkaufen, kann man wirklich viel über eine Person erkennen. Manche Leute gehen sehr methodisch vor und lassen sich Zeit, während andere einfach **alles zu** nehmen scheinen**, was sie kriegen** können, und so schnell wie möglich zur

skyltfönstren som gör mig glad. Ibland fantiserar jag om hur det skulle vara om jag hade råd med **allt** jag ser! På det hela taget är en dag i köpcentret en av mina favoritsysselsättningar. Det är ett utmärkt sätt att koppla av och varva ner samtidigt som man får lite motion (om man går runt tillräckligt mycket). Dessutom är det **alltid** trevligt att unna sig en ny skjorta eller ett par skor då och då!

Jag hade haft en **lång** dag på jobbet och hade äntligen lite tid för mig själv, så jag bestämde mig för att shoppa i köpcentret. Jag behövde några nya kläder för den **kommande** säsongen. Så fort jag gick in såg jag alla ljusa lampor och glänsande skyltfönster. Jag gick först till min favoritbutik och började bläddra bland hyllorna. Jag hittade några söta toppar och provade dem i omklädningsrummet. När jag tittade på mig själv i spegeln hörde jag någon komma in i omklädningsrummet bredvid mitt. Jag kände igen rösten som en av mina medarbetare. Vi hälsade på varandra och började prata om jobbet.

Kasse gehen. Es gibt auch Leute, die mehr daran interessiert sind, mit ihrem Handy zu telefonieren oder SMS zu schreiben, als sich die Waren anzusehen! Aber egal, welche Art von Käufer man ist, jeder scheint den Schaufensterbummel zu genießen - auch wenn man nichts kauft. Der Anblick all der schönen Dinge in den **Schaufenstern** macht mich einfach glücklich. Manchmal stelle ich mir vor, wie es wäre, wenn ich mir **alles, was** ich sehe, leisten könnte! Alles in allem ist ein Einkaufstag im Einkaufszentrum eine meiner Lieblingsbeschäftigungen. Es ist eine tolle Möglichkeit, sich zu entspannen und zu relaxen und sich dabei auch noch ein bisschen zu bewegen (wenn man genug läuft). Außerdem ist es **immer** schön, sich hin und wieder ein neues Hemd oder ein Paar Schuhe zu gönnen!

Ich hatte einen **langen** Arbeitstag und endlich etwas Zeit für mich, also beschloss ich, im Einkaufszentrum einkaufen zu gehen. Ich brauchte ein paar neue Kleider für die **kommende** Saison. Sobald ich das Einkaufszentrum betrat, sah ich all die hellen Lichter und die glänzenden Schaufensterfronten. Ich ging zuerst in mein Lieblingsgeschäft und stöberte durch die Regale. Ich fand ein paar schöne Oberteile und probierte sie in der Umkleidekabine an. Als ich mich im Spiegel betrachtete, hörte ich, wie jemand in die Umkleidekabine neben mir kam. Ich erkannte die Stimme als eine meiner Kolleginnen. Wir begrüßten uns und begannen über die Arbeit zu plaudern.

Frågor om förståelse

1. Var vill du lagra mest?

2. Vilken är din favoritbutik i köpcentret?

3. Hur länge brukar du stanna i köpcentret?

4. Vad tycker du om människor som tillbringar mycket tid i köpcentret?

5. Vad är din favoritsak att göra på köpcentret?

6. Har du någonsin köpt något på köpcentret när du egentligen inte behövde det?

7. Hur reagerar du när du ser något i köpcentret som du verkligen skulle vilja ha, men som är för dyrt?

8. Har du någonsin sett något i köpcentret och undrat vem som skulle köpa det?

Fragen zum Verständnis

1. Wo lagern Sie am liebsten?

2. Welches ist Ihr Lieblingsgeschäft im Einkaufszentrum?

3. Wie lange bleiben Sie normalerweise im Einkaufszentrum?

4. Was denken Sie über Menschen, die viel Zeit im Einkaufszentrum verbringen?

5. Was machst du am liebsten in einem Einkaufszentrum?

6. Haben Sie schon einmal etwas im Einkaufszentrum gekauft, obwohl Sie es nicht wirklich brauchten?

7. Wie reagieren Sie, wenn Sie im Einkaufszentrum etwas sehen, das Ihnen wirklich gefallen würde, aber zu teuer ist?

8. Haben Sie schon einmal etwas im Einkaufszentrum gesehen und sich gefragt, wer es wohl kaufen würde?

På marknaden

Jag vaknar tidigt på lördagsmorgonen och är ivrig att ta mig till **marknaden** innan det blir för mycket folk. Jag tar på mig några kläder och går ut genom dörren och tar mina återanvändbara väskor på vägen. Medan jag går börjar jag planera vad jag vill göra för veckan som kommer. Jag vet att jag vill **steka** grönsaker minst en gång, så jag måste köpa grönsaker av god kvalitet. Jag vill också göra en soppa eller gryta, så jag måste köpa lite kött också. Jag får se vad som ser bra ut när jag kommer dit. Marknaden ligger bara några kvarter bort, och jag kan redan se hur stånden står uppställda och hur **folk** rör sig där.

Jag kommer till marknaden och går direkt till grönsaksståndet. Utbudet är vackert och jag fyller mina väskor med en mängd olika **färska** produkter. Jag pratar med bonden en stund och han rekommenderar mig några recept. Jag är förväntansfull och vill prova dem. Jag pratar med **jordbrukarna** medan jag handlar och lär känna dem och deras produkter. När jag har alla grönsaker jag behöver går jag vidare till köttavdelningen. Jag är lite mer tveksam här, eftersom jag inte är säker på vad jag vill köpa. Till slut bestämmer jag mig för kyckling eftersom det är mångsidigt och kan användas i en mängd olika rätter. Jag köper också

Auf dem Markt

Am Samstagmorgen wache ich früh auf und will unbedingt auf den **Markt**, bevor es zu voll wird. Ich ziehe mir etwas an und gehe zur Tür hinaus, wobei ich unterwegs meine wiederverwendbaren Taschen mitnehme. Auf dem Weg dorthin überlege ich, was ich in der kommenden Woche zubereiten möchte. Ich weiß, dass ich mindestens einmal Gemüse **braten** will, also muss ich gutes Gemüse kaufen. Außerdem möchte ich eine Suppe oder einen Eintopf kochen, also muss ich auch etwas Fleisch kaufen. Ich muss sehen, was gut aussieht, wenn ich dort bin. Der Markt ist nur ein paar Häuserblocks entfernt, und ich sehe schon die aufgebauten Stände und die **Menschen, die** sich dort tummeln.

Ich komme auf dem Markt an und steuere direkt auf den Gemüsestand zu. Die Auswahl ist großartig, und ich fülle meine Taschen mit einer Vielzahl von **frischen** Produkten. Ich unterhalte mich ein wenig mit dem Landwirt, und er empfiehlt mir einige Rezepte. Ich bin gespannt darauf, sie auszuprobieren. Beim Einkaufen plaudere ich mit den **Landwirten** und lerne sie und ihre Produkte kennen. Nachdem ich alles Gemüse eingekauft habe, was ich brauche, gehe ich zur Fleischabteilung. Hier bin ich etwas zögerlicher, da ich

några olika köttstycken och ser till att få gräsbetat nötkött och frigående **kyckling**. Slaktaren var en vänlig man som alltid var glad trots de långa arbetsdagarna. Han lindade in mina kycklingbröst och min biff innan han pratade med mig om sina helgplaner. Jag tog farväl av honom och fortsatte min väg. Jag tog också några ägg och ost från mejeriavdelningen.

Marknaden var full av människor som alla var ivriga att få **tag på de** färska råvaror och det kött som erbjöds. Luften var tjock av lukten av vitlök och lök och ljudet av skratt och samtal fyllde luften. Jag tog mig fram genom folkmassan och plockade ut de andra varor som jag behövde till min veckoaffär. Jag fyllde min **korg** med frukt och grönsaker, pasta och bröd innan jag gick till kassan. Kön var lång, men den gick snabbt. Till slut var de sista **matvarorna** inköpta och det var dags att åka hem. Bilen lastades och körningen hem var lång och tråkig. Trafiken var tung och värmen var tryckande.

mir nicht sicher bin, was ich kaufen möchte. Schließlich entscheide ich mich für Hühnerfleisch, weil es vielseitig ist und für eine Vielzahl von Gerichten verwendet werden kann. Ich kaufe auch ein paar verschiedene Fleischsorten, wobei ich darauf achte, dass ich Rindfleisch aus Weidehaltung und **Hühnerfleisch** aus Freilandhaltung kaufe. Der Metzger war ein freundlicher Mann, der trotz seiner langen Arbeitszeiten immer gut gelaunt war. Er wickelte meine Hühnerbrust und mein Steak ein und plauderte mit mir über seine Pläne fürs Wochenende. Ich verabschiedete mich von ihm und setzte meinen Weg fort. Ich kaufte auch noch ein paar Eier und Käse aus der Molkereiabteilung.

Auf dem Markt herrschte reges Treiben, und alle wollten die frischen Produkte und das Fleisch, die angeboten wurden, kaufen. Die Luft war dick mit dem Geruch von Knoblauch und Zwiebeln, und das Lachen und die Gespräche erfüllten die Luft. Ich bahnte mir einen Weg durch die Menge und suchte mir die anderen Artikel für meinen Wocheneinkauf aus. Ich füllte meinen **Korb** mit Obst und Gemüse, Nudeln und Brot, bevor ich mich auf den Weg zur Kasse machte. Die Schlange war lang, aber sie bewegte sich schnell. Schließlich waren die letzten **Lebensmittel** eingekauft, und es war Zeit, nach Hause zu fahren. Das Auto wurde beladen, und die Fahrt nach Hause war lang und mühsam. Der Verkehr war dicht, und die Hitze war drückend.

Frågor om förståelse

1. Vart är personen på väg?

2. Vad vill personen köpa?

3. Hur många väskor har personen?

4. Hur långt bort ligger marknaden?

5. Vad gör personen just nu?

6. Vad är allt på marknaden?

7. Hur många personer finns på marknaden?

8. Hur lång tid tog det för personen att köpa allt?

9. Hur åkte personen hem?

Fragen zum Verständnis

1. Wohin geht die Person?

2. Was möchte die Person kaufen?

3. Wie viele Taschen hat die Person?

4. Wie weit ist der Markt entfernt?

5. Was macht die Person im Moment?

6. Was ist alles auf dem Markt?

7. Wie viele Personen befinden sich auf dem Markt?

8. Wie lange hat die Person gebraucht, um alles zu kaufen?

9. Wie ist die Person nach Hause gegangen?

På ett café

Det var en kylig höstmorgon och jag hade bestämt
mig för att träffa min vän Lily på vårt favoritkafé för
att ta en kaffe. Jag svepte in mig varmt i min kappa
och halsduk och gick iväg. Löven höll på att falla från
träden och luften hade en liten gnutta, men solen sken
och det lovade att bli en vacker dag. Medan jag gick
tänkte jag på hur bra det var att ha en vän som Lily.
Vi hade varit vänner i flera år, ända sedan vi träffades
på **universitetet**. Vi hade knutit band till varandra
genom vår kärlek till kaffe och att tillbringa tid med
att prata på kaféer. Även om vi nu bodde i olika delar
av staden lyckades vi fortfarande träffas på kaffe en
gång i veckan. Jag kom till caféet och Lily var redan
där och väntade på mig. Vi kramade varandra hej och
beställde sedan våra kaffesorter. Vi hittade ett bord vid
fönstret och slog oss ner för att prata. **Kaffet** var utsökt,
som alltid, och det var så trevligt att prata med Lily. Vi
pratade om vår vecka, våra jobb och våra planer för
framtiden. Det var alltid så lätt att prata med Lily och det
kändes som om jag kunde berätta allt för henne. Efter
ett tag började vi bli hungriga och **bestämde oss för att**
beställa lite mat.

Vi **beställde** vår mat och hittade en plats vid fönstret.
Solen sken in genom fönstret och fick allt att kännas

Im Kaffeehaus

Es war ein kühler Herbstmorgen, und ich hatte mich mit meiner Freundin Lily in unserem Lieblingscafé auf einen Kaffee verabredet. Ich wickelte mich warm in meinen Mantel und meinen Schal ein und machte mich auf den Weg. Die Blätter fielen von den Bäumen, und die Luft war etwas stickig, aber die Sonne schien, und es versprach ein schöner Tag zu werden. Während ich lief, **dachte ich** darüber nach, wie gut es war, eine Freundin wie Lily zu haben. Wir waren seit Jahren befreundet, seit wir uns an der **Universität** kennen gelernt hatten. Uns verband die Liebe zum Kaffee und zum Plaudern in Cafés. Obwohl wir inzwischen in verschiedenen Stadtteilen wohnten, trafen wir uns immer noch einmal in der Woche auf einen Kaffee. Als ich im Café ankam, war Lily schon da und wartete auf mich. Wir umarmten uns zur Begrüßung und bestellten unsere Kaffees. Wir suchten uns einen Tisch am Fenster und setzten uns, um zu plaudern. Der **Kaffee** war wie immer köstlich, und es war so schön, sich mit Lily zu unterhalten. Wir sprachen über unsere Woche, unsere Jobs und unsere Pläne für die Zukunft. Es war immer so einfach, mit Lily zu reden, und ich hatte das Gefühl, dass ich ihr alles sagen konnte. Nach einer Weile wurden wir hungrig und **beschlossen,** etwas zu essen zu bestellen.

varmt och glatt. Vi pratade medan vi åt vår mat och njöt av det enkla nöjet att vara i varandras **sällskap**. Caféet var upptaget, men det kändes inte trångt. Det fanns en känsla av frid och tillfredsställelse i luften. När vi hade ätit upp vår mat satt vi en stund till och njöt av den fridfulla **atmosfären**. Vi pratade en stund om olika saker som hade hänt i våra liv. Det var så skönt att få prata med min vän och bara **slappna av**. Solen sken genom fönstret och det kändes som om **ingenting** kunde förstöra vår perfekta dag.

Plötsligt hörde jag en hög ljudlig krasch. Jag vände mig om och såg att en man hade fallit genom taket och låg på golvet framför oss. Han var **täckt av** damm och skräp och verkade vara medvetslös. Min vän och jag var båda i chock när vi stirrade på mannen som låg på golvet. Vi visste inte vad vi skulle göra eller vem vi skulle ringa efter hjälp. Vi satt bara där och stirrade på honom utan att veta vad vi skulle göra. Efter några minuter kom jag till mig själv och ringde 112. Operatören sa till mig att någon skulle vara där snart.

Wir **bestellten** unser Essen und suchten uns einen Platz am Fenster. Die Sonne schien durch das Fenster herein und verlieh allem eine warme und fröhliche Atmosphäre. Wir unterhielten uns, während wir aßen, und genossen das einfache Vergnügen, in der **Gesellschaft** des anderen zu sein. Das Café war gut besucht, aber es fühlte sich nicht überfüllt an. Es lag ein Gefühl von Frieden und Zufriedenheit in der Luft. Als wir mit dem Essen fertig waren, saßen wir noch eine Weile und genossen die friedliche **Atmosphäre**. Wir unterhielten uns noch eine Weile über verschiedene Dinge, die in unserem Leben passiert waren. Es war so schön, sich mit meiner Freundin auszutauschen und einfach **zu entspannen**. Die Sonne schien durch das Fenster, und wir hatten das Gefühl, dass **nichts** unseren perfekten Tag stören konnte.

Plötzlich hörte ich ein lautes Krachen. Ich drehte mich um und sah, dass ein Mann durch die Decke gefallen war und vor uns auf dem Boden lag. Er war mit Staub und Trümmern **bedeckt** und schien bewusstlos zu sein. Mein Freund und ich standen beide unter Schock und starrten auf den Mann, der auf dem Boden lag. Wir wussten nicht, was wir tun oder wen wir um Hilfe bitten sollten. Wir saßen einfach da und starrten ihn an, ohne zu wissen, was wir tun sollten. Nach ein paar Minuten riss ich mich zusammen und rief 911 an. Die Telefonistin sagte mir, dass bald jemand da sein würde.

Frågor om förståelse

1. Varifrån kommer mannen som faller genom taket?

2. Varför är kvinnan med sin väninna på kaféet?

3. Vilket är de två vännernas favoritkafé?

4. Hur länge har de två vännerna känt varandra?

5. Vad är de två vännernas favoritdryck?

6. I vilken stad bor de två vännerna?

7. Hur ofta träffas de två vännerna?

8. Vad pratar de två vännerna om när de först träffas på sitt favoritkafé?

9. Vad är de två vännernas favoritmat?

10. Varför är det så lätt att prata med Lily?

Fragen zum Verständnis

1. Woher kommt der Mann, der durch das Dach fällt?

2. Warum ist die Frau mit ihrer Freundin im Café?

3. Welches ist das Lieblingscafé der beiden Freunde?

4. Wie lange kennen sich die beiden Freunde schon?

5. Was ist das Lieblingsgetränk der beiden Freunde?

6. In welcher Stadt leben die beiden Freunde?

7. Wie oft treffen sich die beiden Freunde?

8. Worüber sprechen die beiden Freunde, als sie sich zum ersten Mal in ihrem Lieblingscafé treffen?

9. Was ist das Lieblingsessen der beiden Freunde?

10. Warum ist es so einfach, mit Lily zu sprechen?

Att simma

Poolen var alltid en **uppfriskande** plats att vara på, och idag var det inte annorlunda. Solen sken och vattnet såg inbjudande ut. Jag tog ett djupt andetag och dök ner och kände vattnets svala omfamning. Jag simmade varv ett tag och njöt av motionen och chansen att rensa huvudet. Efter en stund gick jag ut och torkade mig, och satte mig sedan på en handduk för att slappna av i solen. Jag slöt ögonen och lät **värmen** skölja över mig och kände hur mina muskler började slappna av. Plötsligt hörde jag ett plask och öppnade ögonen för att se min lillasyster **paddla** runt i den grunda delen. Jag log och tittade på henne en stund, sedan reste jag mig upp och gick över till henne. Vi pratade lite och paddlade runt tillsammans och njöt av varandras sällskap. Snart anslöt sig våra föräldrar till oss och vi tillbringade resten av eftermiddagen med att simma och spela spel tillsammans. Det var alltid så trevligt att tillbringa tid med familjen vid poolen. Det är **något** med att vara i vattnet som bara verkar föra människor samman. Kanske beror det på att vi alla är lika när vi är i vattnet - vi kan inte dölja våra brister eller låtsas vara något vi inte är. Eller kanske är det bara för att det är roligt! **Oavsett vad** anledningen är så var jag bara glad att vi alla kunde samlas och njuta av varandras sällskap på en så speciell plats.

Schwimmen gehen

Der Pool war immer ein **erfrischender** Ort, und heute war es nicht anders. Die Sonne schien und das Wasser sah einladend aus. Ich holte tief Luft, tauchte ein und spürte die kühle Umarmung des Wassers. Ich schwamm eine Weile meine Runden, genoss die Bewegung und die Möglichkeit, den Kopf frei zu bekommen. Nach einer Weile stieg ich aus dem Wasser und trocknete mich ab, dann setzte ich mich auf ein Handtuch, um mich in der Sonne zu entspannen. Ich schloss die Augen und ließ die **Wärme** über mich ergehen, während sich meine Muskeln zu entspannen begannen. Plötzlich hörte ich ein Plätschern und öffnete die Augen, um meine kleine Schwester zu sehen, **die** im flachen Wasser herumplanschte. Ich lächelte und sah ihr eine Weile zu, dann stand ich auf und ging zu ihr hinüber. Wir unterhielten uns eine Weile, paddelten zusammen und genossen die Gesellschaft des anderen. Bald gesellten sich unsere Eltern zu uns, und wir verbrachten den Rest des Nachmittags mit Schwimmen und gemeinsamen Spielen. Es war immer schön, Zeit mit der Familie im Schwimmbad zu verbringen. **Der** Aufenthalt im Wasser scheint die Menschen zusammenzubringen. Vielleicht liegt es daran, dass wir alle gleich sind, wenn wir im Wasser sind - wir können unsere Schwächen nicht verstecken

Solen slog ner på min hud och lukten av klorin låg i luften. Jag kunde höra ljudet av barn som skrattade och plaskade runt i poolen. Jag låg på en solstol vid poolen, tog in solen och **njöt av** dagen. Jag hade ögonen stängda och skulle precis somna när jag hörde någon komma fram till mig. Jag öppnade ögonen och såg en kvinna stå bredvid mig. Hon hade en bikini på sig och en handduk lindad runt midjan. Hon hade långt blont hår och blå ögon. Hon höll en flaska **solkräm i** handen. "Har du något emot att jag smörjer in din rygg med solkräm?" frågade hon. "Nej, det är okej", sa jag och satte mig upp så att hon kunde nå min rygg. Jag kände hennes händer på min hud när hon applicerade solkrämen.

oder vorgeben, etwas zu sein, was wir nicht sind. Oder vielleicht liegt es einfach daran, dass es Spaß macht! **Was auch immer** der Grund ist, ich war einfach froh, dass wir alle zusammenkommen und die Gesellschaft des anderen an einem so besonderen Ort genießen konnten.

Die Sonne brannte auf meine Haut und der Geruch von Chlor lag in der Luft. Ich hörte das Lachen der Kinder, die im Pool planschten. Ich lag auf einem Liegestuhl neben dem Pool, genoss die Sonne und **den** Tag. Ich hatte meine Augen geschlossen und wollte gerade einschlafen, als ich hörte, wie jemand auf mich zukam. Ich öffnete meine Augen und sah eine Frau neben mir stehen. Sie trug einen Bikini und hatte sich ein Handtuch um die Taille geschlungen. Sie hatte langes blondes Haar und blaue Augen. In der Hand hielt sie ein Fläschchen mit **Sonnenschutzmittel**. "Stört es Sie, wenn ich Ihnen den Rücken eincreme?", fragte sie. "Nein, das ist in Ordnung", sagte ich und setzte mich auf, damit sie meinen Rücken erreichen konnte. Ich spürte ihre Hände auf meiner Haut, als sie das Sonnenschutzmittel auftrug.

Frågor om förståelse

1. Var befann sig berättaren när han började berättelsen?

2. Vad luktar berättaren när han öppnar ögonen?

3. Vad hör berättaren när han öppnar ögonen?

4. Vems solkräm ger kvinnan berättaren?

5. Vad drömmer berättaren om?

6. Varför är det så speciellt för berättaren att simma i havet?

7.Hur känns vattnet som berättaren simmar i?

8. Vad ser berättaren när han kommer upp ur vattnet?

9. Vad gör kvinnan efter att hon har smörjt in berättaren med solkräm?

Fragen zum Verständnis

1. Wo war der Erzähler, als er die Geschichte begann?

2. Was riecht der Erzähler, wenn er seine Augen öffnet?

3. Was hört der Erzähler, als er seine Augen öffnet?

4. Wem gehört die Sonnencreme, die die Frau dem Erzähler gibt?

5. Wovon träumt der Erzähler?

6. Warum ist das Schwimmen im Meer für den Erzähler so besonders?

7. wie fühlt sich das Wasser an, in dem der Erzähler schwimmt?

8. Was sieht der Erzähler, als er aus dem Wasser kommt?

9. Was tut die Frau, nachdem sie den Erzähler mit Sonnencreme eingecremt hat?

Klippning av gräsmattan

Klockan är 10 på förmiddagen en **sommarlördag och** solen slår redan obarmhärtigt ner. Du går ut i garaget för att hämta gräsklipparen och känner dig som om du är **dömd** till hårt arbete. Du börjar klippa gräsmattan och ser till att gå lugnt och sakta så att du inte missar några ställen. Medan du klipper tänker du på hur bra det känns att vara ute i den friska luften. När du börjar skjuta gräsklipparen fram och tillbaka över gräsmattan ser du din granne ur **ögonvrån**. Du vinkar och säger hej, och han vinkar tillbaka.

Efter några minuter är du klar och går till din granne för att ta en öl med honom i trädgården. Det är en **perfekt** dag - inte för varmt, med en lätt bris som blåser. Du sitter där i skuggan av trädet, dricker din öl och pratar med din granne. Det är sådana här dagar som gör att man uppskattar sommaren. Sedan **går** du in och tar en välförtjänt öl. Du slår dig ner i en stol på verandan, öppnar burken och suckar nöjt. Ljudet från gräsklipparen försvinner i bakgrunden medan du slappnar av i skuggan och njuter av stundens **lugn.** Ölet smakar extra gott efter allt hårt arbete i värmen. Jag skulle just gå in när jag hörde ett ljud i grannhuset.

Den Rasen mähen

Es ist 10 Uhr morgens an einem **Sommersamstag**, und die Sonne brennt bereits erbarmungslos auf die Erde. Sie stapfen in die Garage, um den Rasenmäher zu holen, und haben das Gefühl, dass Sie zu harter Arbeit **verurteilt werden**. Du fängst an, den Rasen zu mähen, wobei du darauf achtest, dass du schön langsam vorgehst, damit du keine Stelle übersiehst. Während du mähst, denkst du daran, wie gut es sich anfühlt, draußen an der frischen Luft zu sein. Als du den Rasenmäher hin und her schiebst, siehst du aus dem **Augenwinkel** deinen Nachbarn. Sie winken und grüßen, und er winkt zurück.

Nach ein paar Minuten sind Sie fertig und gehen zum Haus Ihres Nachbarn, um mit ihm im Vorgarten ein Bier zu trinken. Es ist ein **perfekter** Tag - nicht zu heiß, und es weht eine leichte Brise. Sie sitzen im Schatten des Baumes, nippen an Ihrem Bier und unterhalten sich mit Ihrem Nachbarn. Es sind Tage wie dieser, an denen man den Sommer zu schätzen weiß. Dann **gehen Sie** ins Haus, um ein wohlverdientes Bier zu trinken. Sie lassen sich in einen Stuhl auf der Veranda fallen, öffnen die Dose und lassen einen zufriedenen

Det **lät** som om någon grät. Jag slutade klippa och gick över till staketet som skiljde våra trädgårdar åt. Jag tittade över och såg min granne, Mrs Johnson, gråta på sin verandagunga. Jag ropade på henne, men hon hörde mig inte. Jag klättrade över staketet och gick över till henne. "Mrs Johnson, mår ni bra?" Jag frågade. Hon tittade upp på mig med tårar i ögonen och skakade på huvudet. "Nej, jag mår inte bra", sade hon. "Min katt dog i går." Jag blev chockad. Jag visste inte vad jag skulle säga. Jag stod bara där obekvämt och visste inte vad jag skulle göra. Till slut lade jag min hand på hennes **axel** och sa: "Jag är så ledsen, mrs Johnson. Om det finns något jag kan göra för att hjälpa till, så säg till. " Hon skakade på huvudet och sa: "Nej, det finns **ingenting som** någon kan göra". Sedan reste hon sig upp och gick in i sitt hus. Jag stod där en stund och visste inte vad jag skulle göra. Sedan återgick jag till att klippa min gräsmatta. När jag var klar kunde jag inte låta bli att tänka på Mrs Johnson och hennes katt.

Seufzer los. Das Geräusch des Rasenmähers tritt in den Hintergrund, während du dich im Schatten entspannst und die **Ruhe** des Augenblicks genießt. Das Bier schmeckt besonders gut nach all der harten Arbeit in der Hitze. Ich wollte gerade ins Haus gehen, als ich nebenan ein Geräusch hörte.

Es **hörte sich an**, als ob jemand weinen würde. Ich hörte auf zu mähen und ging zu dem Zaun, der unsere Gärten trennte. Ich spähte hinüber und sah meine Nachbarin, Mrs. Johnson, weinend auf ihrer Verandaschaukel. Ich rief nach ihr, aber sie hörte mich nicht. Ich kletterte über den Zaun und ging zu ihr hinüber. "Mrs. Johnson, geht es Ihnen gut?" fragte ich. Sie schaute mich mit Tränen in den Augen an und schüttelte den Kopf. "Nein, mir geht es nicht gut", sagte sie. "Meine Katze ist gestern gestorben." Ich war schockiert. Ich wußte nicht, was ich sagen sollte. Ich stand nur unbeholfen da und wusste nicht, was ich tun sollte. Schließlich legte ich ihr die Hand auf die **Schulter** und sagte: "Es tut mir so leid, Mrs. Johnson. Wenn ich Ihnen irgendwie helfen kann, lassen Sie es mich bitte wissen. "Sie schüttelte den Kopf und sagte: "Nein, es gibt **nichts**, was man tun könnte." Dann stand sie auf und ging in ihr Haus. Ich stand einen Moment lang da und wusste nicht, was ich tun sollte. Dann mähte ich wieder meinen Rasen. Als ich fertig war, musste ich unweigerlich an Frau Johnson und ihre Katze denken.

Frågor om förståelse

1. Vad är klockan?

2. Var är personen som klipper?

3. Hur känner sig personen?

4. Varför måste personen klippa långsamt?

5. Vad är det för väder?

6. Vad gör personen efter gräsklippningen?

7. Vad hör personen innan han går hem?

8. Vem är med Mrs Johnson?

9. Varför gråter fru Johnson?

10. Vad säger personen till fru Johnson?

Fragen zum Verständnis

1. Wie spät ist es?

2. Wo mäht die Person?

3. Wie fühlt sich die Person?

4. Warum muss die Person langsam mähen?

5. Was für ein Wetter ist es?

6. Was macht die Person nach dem Mähen?

7. Was hört die Person, bevor sie nach Hause geht?

8. Wer ist bei Mrs. Johnson?

9. Warum weint Mrs. Johnson?

10. Was sagt die Person zu Frau Johnson?

Att klippa sig

Jag hade tänkt klippa mig i flera veckor, men på något sätt lyckades jag alltid skjuta upp det. Men med **julen** runt hörnet visste jag att jag inte kunde skjuta upp det längre. Jag ville inte dyka upp till familjens julmiddag och se ut som en slarvig röra. Så tidigt på juldagsmorgonen begav jag mig till salongen. Trots att det var tidigt var salongen redan upptagen med andra människor som **skulle** fixa håret inför julen. Jag tog plats i kön och väntade på min tur. Slutligen var det min tur i stolen. Stylisten, en vänlig kvinna vid namn Jill, frågade mig vad jag ville ha. "Bara en trimning, inget alltför drastiskt", svarade jag. Jill började arbeta och klippte bort mitt hår. Medan hon arbetade började jag slappna av. Det kändes bra att äntligen ta hand om mig själv. Jag hade varit så upptagen den senaste tiden, jag hade sprungit runt och tagit hand om alla andra, att jag hade låtit mina egna behov falla bort. Men inte **längre**. Från och med nu skulle jag ta mig tid för mig själv.

När Jill var klar tittade jag mig i spegeln och var nöjd med vad jag såg. Mitt hår såg snyggt och polerat ut - perfekt för semestermöten. Jag **tackade** Jill och gjorde

Zum Haareschneiden gehen

Ich wollte mir schon seit Wochen die Haare schneiden lassen, aber irgendwie habe ich es immer wieder aufgeschoben. Aber da **Weihnachten vor der** Tür stand, wusste ich, dass ich es nicht länger aufschieben konnte. Ich wollte beim Weihnachtsessen meiner Familie nicht wie ein schmuddeliges Häufchen Elend dastehen. Also machte ich mich am frühen Weihnachtsmorgen auf den Weg zum Friseur. Obwohl es noch früh war, war der Salon schon voll mit anderen Leuten, **die sich** für die Feiertage die Haare machen ließen. Ich nahm meinen Platz in der Schlange ein und wartete, bis ich an der Reihe war. Endlich war ich mit dem Stuhl dran. Die Friseurin, eine freundliche Frau namens Jill, fragte mich, was ich wollte. "Nur einen Trimmschnitt, nichts allzu Drastisches", antwortete ich. Jill machte sich an die Arbeit und schnippelte an meinem Haar herum. Während sie arbeitete, begann ich mich zu entspannen. Es war ein gutes Gefühl, mich endlich um mich selbst zu kümmern. In letzter Zeit war ich so sehr damit beschäftigt gewesen, mich um alle anderen zu kümmern, dass ich meine eigenen Bedürfnisse vernachlässigt hatte. Aber das war **vorbei**.

en **mental** anteckning om att komma tillbaka oftare. Från och med nu kommer jag att ta hand om mig själv först och främst. Hon började arbeta med att klippa mitt hår. Jag tänkte på hur tacksam jag var för att jag äntligen hade hunnit klippa mig. Det kändes bra att veta att jag skulle se presentabel ut till **julmiddagen**. Jag skulle inte längre behöva oroa mig för att min familj skulle retas med mig om mitt "slarviga" utseende. Efter några minuter var stylisten klar med att klippa mitt hår och gav mig en snabb föning. Jag tittade i spegeln och var nöjd med vad jag såg - en ren frisyr som skulle passa perfekt till julmiddagen. Nu när min klippning var avklarad kunde jag fokusera på att njuta av julen med min familj. Och det var jag ännu mer tacksam för.

Von nun an wollte ich mir Zeit für mich nehmen.

Als Jill fertig war, schaute ich in den Spiegel und war mit dem, was ich sah, zufrieden. Mein Haar sah ordentlich und glänzend aus - perfekt für Festtagsfeiern. Ich **bedankte mich bei** Jill und nahm **mir vor, öfter wiederzukommen**. Von nun an werde ich mich in erster Linie um mich selbst kümmern. Sie machte sich an die Arbeit und schnippelte an meinem Haar herum. Ich dachte darüber nach, wie dankbar ich war, dass ich endlich dazu gekommen war, mir die Haare schneiden zu lassen. Es war ein gutes Gefühl zu wissen, dass ich zum **Weihnachtsessen** vorzeigbar aussehen würde. Ich würde mir keine Sorgen mehr machen müssen, dass meine Familie mich wegen meines "ungepflegten" Aussehens hänseln würde. Nach ein paar Minuten war der Friseur mit dem Schneiden meiner Haare fertig und föhnte sie kurz. Ich schaute in den Spiegel und war zufrieden mit dem, was ich sah - ein gepflegtes Aussehen, das perfekt für das Weihnachtsessen sein würde. Jetzt, da der Haarschnitt erledigt war, konnte ich mich darauf konzentrieren, die Feiertage mit meiner Familie zu genießen. Und dafür war ich umso dankbarer.

Frågor om förståelse

1. Vad måste huvudpersonen göra före jul?

2. Hur kände huvudpersonen för att ta hand om sig själv?

3. Vem klippte huvudpersonens hår?

4. Varför skulle huvudpersonens familj retas med henne?

5. Hur kände sig huvudpersonen efter att ha klippt sig?

6. Vad gjorde huvudpersonen efter att ha klippt sig?

7. Hur reagerade huvudpersonens familj på hennes frisyr?

8. Vad gjorde huvudpersonen på julafton?

Fragen zum Verständnis

1. Was musste der Protagonist vor Weihnachten tun?

2. Wie hat sich die Protagonistin gefühlt, als sie für sich selbst sorgte?

3. Wer hat dem Protagonisten die Haare gestutzt?

4. Warum wollte die Familie der Protagonistin sie hänseln?

5. Wie hat sich die Protagonistin gefühlt, nachdem sie ihren Haarschnitt bekommen hat?

6. Was hat die Protagonistin getan, nachdem sie sich die Haare schneiden ließ?

7. Wie hat die Familie der Protagonistin auf ihren Haarschnitt reagiert?

8. Was hat der Protagonist an Heiligabend gemacht?

Parken

Solen höll på att gå ner och parken var tom. Jag satt på bänken och väntade på min **vän**. Vi hade planerat att träffas här för en timme sedan, men hon var alltid sen. Precis när jag höll på att ge upp och gå hem såg jag henne springa mot mig.

"Jag är så ledsen", flämtade hon när hon kom fram till bänken. "Mitt tåg blev **försenat.**"

"Det är okej", sa jag **förlåtande**. "Jag kom precis hit själv."

Vi satte oss ner och pratade en stund och berättade om varandras liv sedan vi träffades senast. Samtalet flöt **lätt** och det kändes som om det inte hade gått någon tid alls sedan vi sågs senast. När solen gick ner tog vi farväl och gick skilda vägar. Nästa gång vi träffades var det i en annan park. Återigen var hon sen, men det gjorde inget. Det var skönt att ha någon att prata med som **förstod** mig. Vi pratade om våra drömmar och **ambitioner,** saker vi ville göra med våra liv. Hon berättade om sina planer på att resa runt i världen, och jag delade med mig av min dröm om att bli författare. När solen gick ner på en annan dag tog vi farväl ännu en gång och lovade att hålla kontakten den här gången.

Åren gick, och vår **vänskap** förblev stark även om vi nu bodde i olika delar av landet. Vi höll kontakten

Im Park

Die Sonne ging gerade unter, und der Park war leer. Ich saß auf der Bank und wartete auf meine **Freundin**. Wir hatten uns vor einer Stunde hier verabredet, aber sie kam immer zu spät. Gerade als ich aufgeben und nach Hause gehen wollte, sah ich sie auf mich zulaufen.
"Es tut mir so leid", keuchte sie, als sie die Bank erreichte. "Mein Zug **hatte Verspätung**."
"Ist schon gut", sagte ich **verzeihend**. "Ich bin auch gerade erst gekommen."
Wir setzten uns hin und unterhielten uns eine Weile, wobei wir uns über das Leben des jeweils anderen unterhielten, seit wir uns das letzte Mal gesehen hatten. Die Unterhaltung verlief **mühelos**, und es kam uns vor, als sei seit unserer letzten Begegnung überhaupt keine Zeit vergangen. Als die Sonne unterging, verabschiedeten wir uns und gingen unsere eigenen Wege. Das nächste Mal, als wir uns trafen, war es in einem anderen Park. Wieder war sie spät dran, aber das machte mir nichts aus. Es war schön, jemanden zum Reden zu haben, der mich **verstand**. Wir sprachen über unsere Träume und **Hoffnungen**, über die Dinge, die wir in unserem Leben tun wollten. Sie erzählte mir von ihren Plänen, die Welt zu bereisen, und ich erzählte von meinem Traum, Schriftstellerin zu werden. Als die Sonne an einem anderen Tag unterging,

genom brev och tillfälliga telefonsamtal och delade nyheter från våra liv med varandra. När hon meddelade att hon skulle gifta sig blev jag inte **förvånad** - hon hade alltid varit den **äventyrliga** typen. Men när hon frågade mig om jag ville vara hennes hedersbrudtärna vid hennes bröllopsceremoni som ägde rum på andra sidan jordklotet från där jag bodde... det krävdes en del övertalning! I slutändan kunde jag dock inte låta min bästa väninna gifta sig utan mig vid hennes sida, så trots mina farhågor (och efter mycket bön från henne!) **gick** jag **med på** att följa med på vad som visade sig bli sitt livs **äventyr.**

Bröllopsdagen kom äntligen. Jag var nervös, men glad över att få vara en del av ett så viktigt ögonblick i min väns liv. Ceremonin var vacker och hon såg lycklig ut när hon avgav sina löften. **Efteråt** firade vi med en stor fest - det verkade som om alla hon kände hade kommit för att fira med henne!

verabschiedeten wir uns noch einmal und versprachen, diesmal in Kontakt zu bleiben.

Die Jahre vergingen, und unsere **Freundschaft** blieb bestehen, obwohl wir jetzt in verschiedenen Teilen des Landes lebten. Wir hielten den Kontakt durch Briefe und gelegentliche Telefonate aufrecht und teilten uns gegenseitig die Neuigkeiten aus unserem Leben mit. Als sie ankündigte, dass sie heiraten würde, war ich nicht **überrascht** - sie war schon immer der **abenteuerlustige** Typ gewesen. Aber als sie mich fragte, ob ich ihre Trauzeugin bei ihrer Hochzeitsfeier sein würde, die am anderen Ende der Welt stattfand, musste ich sie erst einmal überzeugen! Letztendlich konnte ich jedoch nicht zulassen, dass meine beste Freundin ohne mich an ihrer Seite heiratet, und so **stimmte** ich trotz meiner Befürchtungen (und nach langem Bitten ihrerseits!) zu, das **Abenteuer** meines Lebens mitzumachen.

Endlich war der Tag der **Hochzeit** gekommen. Ich war nervös, aber auch aufgeregt, bei einem so wichtigen Moment im Leben meiner Freundin dabei zu sein. Die Zeremonie war wunderschön, und sie sah glücklich aus, als sie ihr Gelübde ablegte. **Danach** feierten wir mit einer großen Party - es schien, als ob jeder, den sie kannte, gekommen war, um mit ihr zu feiern!

Frågor om förståelse

1. Var träffades författaren och hennes vän första gången?

2. Varför var författarens vän sen till mötet?

3. Vad pratade vännerna om när de träffades igen flera år senare?

4. Hur kändes det för författaren att delta i sin väns bröllopsceremoni?

5. Beskriv hur bröllopsceremonin går till.

6. Hur har vänskapen mellan de två kvinnorna förändrats med tiden?

7. Vad är författarens dröm?

8. Vart planerar författarens vän att resa?

Fragen zum Verständnis

1. Wo haben sich die Autorin und ihr Freund zum ersten Mal getroffen?

2. Warum kam der Freund des Autors zu spät zu ihrem Treffen?

3. Worüber sprachen die Freunde, als sie sich Jahre später wieder trafen?

4. Wie hat sich die Autorin gefühlt, als sie an der Hochzeit ihrer Freundin teilnahm?

5. Beschreiben Sie den Rahmen der Hochzeitszeremonie.

6. Wie hat sich die Freundschaft zwischen den beiden Frauen im Laufe der Zeit verändert?

7. Was ist der Traum des Autors?

8. Wohin plant der Freund des Autors zu reisen?